Моя ЖИЗНЬ моя вера I

Любящих меня я люблю,
и ищущие меня найдут меня
(Притч. 8:17)

Моя ЖИЗНЬ моя вера I

доктор Джей Рок Ли

URIM BOOKS

Моя жизнь, моя вера I. Д-р Джей Рок Ли
Издатель «Урим Букс». (Представитель: Сон Гон Вин)
235-3, Guro-dong 3, Guro-gu, Seoul, Korea
www.urimbooks.com

Все использованные в этой книге цитаты из Священного Писания, если это не оговорено иначе, взяты из текста Библии в Синодальном переводе. ® Авторские права © 1960, 1962, 1963, 1968, 1971, 1972, 1973, 1975, 1977, 1995 обеспечены фондом Лакмана. Использовано с разрешения.

Авторские права© 2011 принадлежат д-ру Джей Року Ли
ISBN: 978-89-7557-256-2, ISBN: 978-89-7557-185-5 (набор)
Авторское право перевода© 2009 принадлежит д-ру Эстер К. Чон.
Использовано с разрешения.

в 2006 году, Первоначальная версия на корейском языке опубликована издательством «Christian Press», Сеул, Корея.

Первая редакция книги опубликована в июле 2009 г.
Вторая редакция
1-е издание в августе 2009 г.
2-е издание в февраль 2011 г.

Отредактирована д-ром Джеум Сан Вином.
Дизайн разработан редакционным бюро «Урим Букс».
Тираж отпечатан в типографии компании «Евон».
За более подробной информацией обращаться: urimbook@hotmail.com

Тонкий духовный аромат

Говорят, что самый изумительный аромат можно получить из лепестков роз, растущих в горах на Балканах. Но не всякая роза сгодится для этого. Чтобы получить духи самого высокого качества, нужно использовать экстракт из лепестков роз, срезанных в два часа ночи – в самое темное и холодное время суток.

«Моя жизнь, моя вера» - автобиографическая повесть Джея Рока Ли - несет в себе тончайший духовный аромат, и читатель почувствует его. Это потому, что жизнь этого человека создана из экстракта Божьей любви, которую он познал в годы тяжелых испытаний, холодных притеснений и глубочайшего отчаяния.

Почему Джей Рок Ли, подобно своим сверстникам, не мечтал о светлой беззаботной жизни? Почему бы ему было не поступить в престижный колледж, не продолжить образование за границей, не стать «большим» человеком, чего-то добившимся в жизни? Эти мечты разбились о суровую действительность, и жизнь этого человека превратилась в спуск в долину отчаяния. Его тело стало обиталищем многочисленных болезней. Вместо славы и почета он испытал пренебрежение и презрение своих самых близких людей. Он понял во всей полноте и со всей ясностью, что вся любовь этого мира не стоит ровным счетом ничего. Он узнал, что такое нищета и как это тяжко – стоять во главе семейства, которое ты не в состоянии прокормить. Он дважды пытался покончить жизнь самоубийством.

В той долине отчаяния, по которой он брел, уже не имея сил даже дышать, он и повстречал Бога. До того момента он, изнуряя себя, сражался в одиночку. Но Всемогущий Бог, Который был полон любви к нему, встретил Джея Рока и дальше пошел рядом с ним. Он избавил его от отчаяния и подарил ему надежду на Небесное Царство. «Чем я смогу отплатить Богу за Его изумительную благодать?» - вот что стало главным вопросом для автора этой книги. Он делал то, что Бог велел ему. Он отказался от всего того, на что Господь наложил запрет. Он шел, когда Бог говорил: «Иди!». Он стал пленником Его высочайшей и великой любви и угождать Богу Отцу стало высочайшей целью его жизни.

Джею Року Ли очень близко сокровенное признание Павла: *«Кто отлучит нас от любви Божией: скорбь, или теснота, или гонение, или голод, или нагота, или опасность, или меч? как написано: за Тебя умерщвляют нас всякий день, считают нас за овец, обреченных на заклание. Но все сие преодолеваем силою Возлюбившего нас. Ибо я уверен, что ни смерть, ни жизнь, ни Ангелы, ни Начала, ни Силы, ни настоящее, ни будущее, ни высота, ни глубина, ни другая какая тварь не может отлучить нас от любви Божией во Христе Иисусе, Господе нашем».*

Вспомним Притчи 8:17: «Любящих меня я люблю, и ищущие меня найдут меня». Каковы бы ни были обстоятельства, когда Бог открывал Свою волю, Ли от всего сердца отвечал всегда только «да» и «аминь». Бог дал ему Свою силу и возвысил его превыше всего мира. Его церковь "Манмин («всего творения») Джунг-анг («центральная») " молится сегодня обо всем человечестве, оправдывая свое название. Эта церковь получает от Бога, одно за другим, видения; она стала местом, где Дух Святой являет Свои огненные знамения.

Джей Рок Ли, перенесший столько болезней, хорошо

понимает боль страждущих. Его презирали, он терпел насмешки окружающих – и сегодня он, как никто, понимает тех, чьи сердца разбиты. Он, прошедший через жесточайшую нищету, понимает и сострадает тем, кто томится под унизительным игом бедности. Вот почему члены его церкви собираются вокруг него тесным кольцом – просто, чтобы видеть его лицом к лицу.

Жизнь автора этой повести – драматический пример изменения жизни человека после встречи с Богом. Его жизнь – это пример того, как абсолютное послушание Господу, полная преданность Ему могут принести столь заметные плоды, духовные и материальные.

Его хождение перед Богом открывает нам тайну: чтобы обрести благословения, нужно быть святым и чистым, как кристалл, нужно обладать той святостью, что является атрибутом Бога, Который говорит: «Будьте святы, ибо Я свят», нужно порой бороться подобно рычащему льву, а порой быть нежным и мягким, как руки матери.

Жизнь Джея Рока Ли источает прекрасный аромат, и я надеюсь, что души его читателей тоже станут благоухать, и аромат этот будет прекраснее, чем запах самых прекрасных балканских роз.

Доктор Эстер Чанг, 10 декабря 2006 года

старшая дьяконисса,
в прошлом президент Сеульского женского университета (Сеул, Корея),
президент международной семинарии «Манмин» (Сеул, Корея),
почетный профессор «Универсидад Насьональ де Сан Антонио» (Абад дель Каско, Перу)

С.о.д.е.р.ж.а.н.и.е

Вступительное слово

Глава 1
«Немой» ребенок

Глава 2
Бог воистину жив!

Глава 3
Мое призвание

Глава 4
Призыв Божий

С.о.д.е.р.ж.а.н.и.е

Глава 5
Начало церкви

Глава 6
Рост церкви и испытания

Глава 7
Бог расширяет границы нашего служения

Глава 1

«Немой» ребенок

Родители учили меня добру и праведности

«Ты погляди, ребенок-то родился немым. Почему он не плачет?». Когда я родился, я не плакал, поэтому обеспокоенные родители стали шлепать меня. Но и после этого я не плакал, а, наоборот, еще больше улыбался. Все были в отчаянии, думая, что я родился немым.

Уже будучи христианином, я задумался: а почему же я не плакал, как все новорожденные? Может, потому что уже тогда мой дух знал, что я проживу благословенную жизнь Божьего служителя и приведу ко спасению бессчетное множество душ? 20 апреля 1943 года (по лунному календарю) родился я – последний ребенок в семье (всего было три сына и три дочери). Моего отца звали Хабиом Ли, а мою мать – Гамьян Чо. Я родился в маленькой деревушке Хайе Миён, в Муан Гуне, в провинции Ченнам. Мой отец изучал китайскую классическую литературу, во всем ценил изящество и любил музыку. Во время японской оккупации Кореи он часто ездил в Японию по делам, но, после того как Корея обрела независимость, он свернул весь свой бизнес и стал искать укромный уголок, чтобы спокойно дожить свои годы. Когда мне исполнилось три года, моя семья переехала в Чансунг. Это была деревня Бун-йанг Ри, в Нам Миёне, в провинции Чансун Гун. Это была особая деревня, потому что в ней могли жить только члены рода «Чан». Так говорили люди. Но моя семья каким-то образом все-таки умудрилась поселиться там без особых трудностей.

Мой отец, насколько я его помню, был человеком, который отрезал себя от всего мира и целые дни проводил дома за чтением книг. Однако дома у нас нередко бывали гости. В такие вечера отец и его гости вместе пили, вспоминали старые стихи или соревновались в знании китайских классиков.

Мой отец всегда хотел, чтобы из меня вырос великий человек

Папа всегда говорил мне: «Джей Рок, в человеке должна быть верность. Когда-нибудь ты станешь великим человеком этого мира». Наверное, все родители хотят, чтобы их дети выросли и чего-то достигли в жизни и преуспели на своем жизненном поприще. Мой отец всеми силами старался привить мне правильные ценности, а мама всегда служила другим и жертвовала собою ради своей семьи.

Когда мне было пять лет, мой отец начал учить меня грамоте с помощью книги "Тысяча китайских героев". Он рассказывал мне множество историй о великих героях. Когда я слушал его рассказы из книги «Три царства» о Гуан Ю, Джан Фае и Жао Юне, которые рисковали жизнью, защищая своего господина по имени Лиу Бэй, или истории о Джу Ге Ляне, который заставлял ветер дуть, я так переживал за них, что мои ладошки становились мокрыми. Отец делился со мною учением великих людей, таких, как Конфуций, рассказывал о чистоте и честности великих мужей. История о Монью Джуне, который находился на службе династии Корё (позже полностью уничтоженной) и который с самого начала знал, что ему придется отдать жизнь за своих господ; история об адмирале Суншин Ли, который спас страну, стоявшую на краю пропасти, – все эти рассказы до глубины души потрясали меня, неважно, сколько раз я их слушал. Слова о великих людях, которые в любых обстоятельствах, даже под страхом смерти, оставались верны своим принципам и своим господам, остались выгравированы на скрижалях моего юного сердца. Слушая отца, я учился уважать своих родителей, ходить правильными путями, платить добром за добро и не отступать от этих принципов всю мою жизнь.

Как я мечтал стать конгрессменом

Я пошел учиться в начальную школу с сокровенной мечтой стать конгрессменом, и мой отец часто брал меня с собой послушать предвыборные выступления кандидатов на высокие государственные посты. Порою нам приходилось для этого пройти пешком 10 - 15 километров. Он брал меня посмотреть, как проходят выборы в местное собрание, общие выборы и даже выборы президентские. Он хотел вырастить меня выдающимся политиком, который сделает для своей страны что-то великое.

В то время у власти находилась партия Свободы, и многие ходили послушать речи политиков – ее членов. Эти ораторы для меня были каким-то чудом, мне они казались людьми великими, и я думал: «Когда я вырасту, я буду, как они». Слушая выступления того или иного кандидата, я всякий раз мечтал о том, как сам стану членом конгресса. Эта мечта продолжала жить в моем сердце, пока я не дорос до среднего звена школы, а потом не стал старшеклассником. Все это время я ходил на такие встречи с избирателями, уже без отца, и слушал кандидатов.

Еще до поступления в начальную школу, я выучил таблицу умножения и корейское письмо (моими учителями были старшие братья и сестры), так что в школе мне было не очень интересно. Гораздо большее удовольствие мне доставляло играть после занятий с друзьями. Мне нравились «злые» игры – в " войну”, игры, где нужно было драться и пинать друг друга. Я был крепче и сильнее многих своих сверстников и всегда хотел везде быть победителем. Я был очень упрямым и гордым: я всегда настаивал на том, чтобы играть до конца, то есть пока я не стану победителем. Я отличался отменным здоровьем. Даже несмотря на материальные трудности, моя мама поила меня целебными травяными настоями, которые стоили немалых денег. Тогда это всем было в диковинку. Моя мама очень любила своего младшего сына. Когда она за руку выводила меня на улицу, пожилые соседи говорили одно и то же: «Какой умненький мальчик! Он непременно станет великим…. Смотри за ним хорошенько!». Я видел, как подобные слова радовали ее. Я часто видел, как она ходит в буддийский храм, носит туда жертвоприношения из риса и молится о благословениях для нашей семьи.

Горячие молитвы моей матери

Вечером мама обычно принимала душ, переодевалась в чистый ханбок (корейский национальный халат), выходила на улицу, ставила на подставку кувшин чистой воды и молилась звездам. Я был самым маленьким в семье и пытался не засыпать, пока она не вернется в дом. Иногда, когда она задерживалась дольше обычного, я наблюдал за нею через маленькую дырочку в бумажном окне, пока меня не одолевал сон.

Однажды я спросил ее:

- Мама, почему ты кланяешься и так много молишься?

И она тогда ответила:

- Когда я молилась Большому Ковшу, твой старший брат вернулся цел и невредим с Корейской войны; вы, дети, здоровы и так быстро растете тоже потому, что я много молюсь.

Но потом, когда я заболел и страдал много лет, она тоже молилась звездам о моем выздоровлении, но ее молитвы почему-то больше не помогали. Когда она узнала, что сила Божья исцелила меня в один момент, она сама стала ходить в церковь, без всяких уговоров с моей стороны. «Я много молилась Будде и Большому Ковшу, но ни Будда, ни Большой Ковш не дали исцеления моему сыну. Раз мой сын исцелился в церкви, я тоже буду ходить в церковь» - вот её слова. Она выкинула всех своих идолов и стала верной христианкой, служащей только Богу.

Самым важным для моих родителей было мое образование

Будучи самым младшим ребенком, я был и самым послушным, а значит, меня и любили по-особому. Мои родители, однако, были очень строги, когда дело касалось учебы и дисциплины – в любой сфере жизни. Они учили моих братьев и сестер и меня самого не только основам человеческих взаимоотношений, но и правилам этикета и вежливости. Мы знали, как правильно ходить, разговаривать, одеваться, как вести себя за столом, как держать ложку, как ложиться спать и вставать. Нам говорили, что нельзя при разговоре с другими повышать голос, что нельзя прерывать собеседника, что нельзя смотреть в глаза старшим, когда они с тобой разговаривают, что надо хорошо себя вести в гостях у соседей, что нищего, который пришел за подаянием, нельзя отпускать ни с чем, как бы бедны ни были мы сами, и так далее. Во всем мы должны были проявлять доброту и терпение. Я думаю, что, благодаря родителям, я знал, что такое совесть еще до того, как я познал Бога, и люди, знавшие меня, говорили: «Ему не нужны законы». А когда я принял в свое сердце Господа, опять же благодаря тому, что я был воспитан в строгости, я легко научился отвечать Богу: «Да, аминь» - и делать то, что Он велит, повиноваться всякому Его слову.

Будучи знатоком китайской классики, отец также изучал физиогномику - науку, позволяющую судить о характере человека по его внешним чертам, а еще он умел читать судьбу по ладоням. Он всегда верно предсказывал государственные события, а также события, которые должны были произойти в деревне. Он говорил мне: «Джей Рок, ты будешь великим человеком. Все будет хорошо, правда, твоя линия жизни коротковата и на ее середине видны горести, так что тебе, скорее всего, предстоит рано умереть. Но рядом с твоей линией жизни есть еще одна, совсем тонкая линия, и они соединяются; так что, если ты переживешь свой тридцатилетний рубеж, ты станешь благословением для многих людей».

Отец был очень доволен результатами своего физиогномического исследования и исследования моей ладони. Он говорил, что я могу рано умереть, но, если я доживу до тридцати, я буду много путешествовать по миру и завоюю доверие множества людей. Когда мне исполнилось 30, я серьезно заболел. Я не раз чувствовал, что стою на самом краю могилы. Порой я даже не знал, доживу ли до завтрашнего дня. Живя так, я не мог даже думать о том, что стану каким-то великим деятелем. Отец очень сострадал мне, думая, что я умру в расцвете лет, и старался как мог научить меня добру. Моя мама также всегда оставалась верна мне, впрочем, как и вся моя семья.

Несчастный случай в начальной школе

С детства я отличался отменным здоровьем. Я был самым младшим в семье, поэтому мама меня очень сильно любила и давала мне мед и всякие травяные настойки и экстракты. Я был сильнее своих сверстников и, будучи еще совсем маленьким, уже собирал все медали за победу в соревнованиях по корейской борьбе. Люди называли меня «Железный Человек». Многие сверстники бегали за мною гурьбой, считая меня своим вожаком.

Мы, дети, выросшие под влиянием Корейской войны, любили «злые» игры. Мы играли в "войну", сражались на мечах, дрались, боролись, играли в игру, которая называлась «саби»: смысл ее заключался в том, чтобы заставить противника сдаться, сдавливая ему горло и не давая ему дышать. Побежденный, сдаваясь, поднимал руки, чтобы его окончательно не задушили. Я однажды потерял сознание, потому что не хотел сдаваться. В чем бы ни заключалось соревнование, я всегда боролся до конца, до победы, потому что был очень горд и не менее упрям. Однажды, когда я учился в 4-м классе, играя с другом, который был постарше меня, я повредил себе ребро. В то время мы не могли позволить себе обратиться в больницу, и родителям пришлось лечить меня травами и ждать, когда все само собой заживет. Но каждое лето это место снова и снова начинало болеть. Кололо в боку, мне становилось трудно дышать, и я не мог бегать. Поскольку не было никаких лекарств, отец поймал две ядовитые змеи, убил их и сделал на них настойку, а потом заставил пить это лекарство каждый день, утром и вечером. Так я научился пить алкоголь в столь юном возрасте.

А еще (это тоже было в 4-м классе) у меня был учитель по кличке «Псих». Я играл с друзьями в" саби" в школьном дворе, а он подумал, что мы деремся. Нас вызвали в учительскую. Он нас отругал, бил по лицу. Потом заставил нас дать друг другу по 20 пощечин. Так что я получил не только от учителя, но и от товарища. В результате лицо у меня опухло и была повреждена барабанная перепонка. Из уха потек гной. Учителя уволили из школы, но у меня с тех пор начались проблемы со слухом.

Годы юности

Я был замкнутым и застенчивым ребенком. В 1959 году я окончил среднюю школу в городе Кванджу и отправился в Сеул продолжать образование. Я жил у своей сестры в Шиндан Донге, Сёндгонг Гу, в Сеуле. Как-то, уже на старших курсах, я пропустил по болезни 40 учебных дней. В это время один человек пришел к нам домой и говорил мне о Боге, призывая меня принять Христа. Я подумал: «Что за дурак! Где этот Бог, о Котором он говорит? Я никогда не поверю ни в какого Иисуса, а если бы и поверил, неужели я стал бы вот так ходить по чужим домам? Я слишком застенчивый, чтобы лезть к людям с разговорами».

Мне было просто жаль людей, которые ходили от дома к дому, рассказывая другим об Иисусе. Я был атеистом, но кроме того, я был робок и застенчив и думал: «Есть еще одна причина, по которой я не хочу верить в Бога: я не собираюсь вот так же ходить по улицам и евангелизировать других». Мой отец, знаток китайской классической литературы, говаривал:

В средней школе

В старших классах

«Ты родился таким застенчивым, что никогда ни у кого не сможешь попросить в долг и щепотки соли». При всей нашей бедности – нас и наших соседей – соль была чем-то, что было у всех и чем каждый готов был поделиться с другими. Он хотел сказать, что я никогда не осмелюсь никого побеспокоить.

В начальной школе, когда я получил уведомление о необходимости внести оплату за обучение, я стеснялся показать его моим родителям. Из-за этого я всегда опаздывал с оплатой, и учитель грозился вызвать родителей – только тогда я показывал уведомление матери, и она сразу же давала нужную сумму. Я всегда знал, что она даст мне денег, но стеснялся попросить ее об этом. Вот насколько я был замкнут в себе и робок. Эта черта моего характера впоследствии оказала влияние и на мое служение.

Попытка самоубийства после потери памяти

Я не мог нормально учиться, потому что из-за слабого здоровья пропускал много занятий. Однако я поставил перед собою цель – сдать экзамен для поступления в школу инженеров при Сеульском национальном университете. Чтобы меньше спать и иметь возможность больше выучить, я каждый день принимал таблетки от сна. Но со временем я стал привыкать к ним, и мне приходилось снова и снова увеличивать дозу. Потом это переросло в пристрастие, и я уже не мог жить без этих таблеток. Без них я становился апатичным и не мог ни на чем сосредоточиться. Я спал четыре часа в сутки, а все остальное время проводил в Национальной библиотеке. Прозанимавшись столь усердно год, я был уверен, что могу поступить в школу инженеров.

В ноябре 1962 года, когда экзамены были на носу, я вдруг

понял, что потерял память. Я читал во время перемены газету и с ужасом осознал, что не могу вспомнить имя ныне действующего Президента, Синмана Ли. Больше того, я не мог вспомнить ни одного слова по-английски, забыл все математические формулы, которые прежде с таким трудом вызубрил. Я не помнил ничего. И это не было временным явлением. Я напрягался изо всех сил, пытаясь вспомнить выученное с таким трудом, но не мог вспомнить даже самых элементарных вещей. Мне казалось, что я падаю в бездонную яму. У меня не было никаких надежд на будущее, я был на краю глубочайшей депрессии. Я потратил целый год на подготовку к экзаменам, а теперь вообще ничего не помню!

Как я мог смотреть в глаза своим родителям, которые так меня поддерживали и которые через столько всего прошли ради меня? Мне было просто стыдно жить дальше. Я решил распрощаться с жизнью, и в нескольких аптеках накупил американского снотворного, которое, как говорили, было самым надежным и эффективным.

В то время я снимал комнату для занятий рядом с домом моей сестры, а обедал у нее. Я сказал ей: «Сегодня я пойду позанимаюсь к другу, так что не жди меня к ужину».

Она ничего не знала о моих планах и спокойно кивнула в ответ. Собрав вещи и написав родителям, братьям и сестрам прощальное письмо, я закрыл дверь изнутри, постелил одеяло, выпил все купленные мною таблетки и лег. Какое-то время сознание сохранялось, а потом я потерял связь с действительностью. Но есть такая поговорка: «Смерть в этой жизни – это только начало жизни следующей».

Мой брат и свояк держали магазин тканей на рынке Донгдаймун. Обычно они заканчивали работать в 10 вечера, доделывали кое-какие дела и к полуночи возвращались домой.

Но именно в тот вечер они почему-то решили вернуться домой раньше, чем обычно.

Брат сказал свояку:

- Давай-ка закроем магазин и пойдем пораньше домой.

- Надо же! Я тоже подумывал уйти сегодня пораньше! – ответил тот.

Итак, в тот день мой брат рано закрыл свой магазин и отправился в дом моей сестры. Обычно он не заходил ко мне, но в тот день ему по какой-то причине захотелось меня проведать.

- А где Джей Рок? - спросил он сестру.

- Сказал, что пошел к другу позаниматься, - ответила та.

Но брат все же пошел ко мне. Увидев, что дверь заперта, он заподозрил что-то неладное. Он вломился в комнату и обнаружил, что я уже холодный, как труп. Тогда он сказал свояку:

- Ему срочно необходимо в больницу. Там ему сделают промывание желудка.

Они повезли меня в больницу, но, как они ни спешили, таблеток было слишком много, и врач сказал, что мои шансы выжить равны нулю. Однако прошло несколько дней и ко мне вернулось сознание. В результате неудачной попытки самоубийства, я утратил остатки памяти. Даже спустя год память так и не восстановилась до конца. Но несмотря ни на что, еще один год усердных занятий – и я смог сдать вступительный экзамен: 14 марта 1964 года я стал студентом инженерной школы университета Ханьянь.

Мой брак и моя судьба

Во время учебы в колледже меня призвали на службу в армию, и 29 октября 1964 года я стал новобранцем. Когда служба подходила к концу, один родственник нашел мне подругу по переписке. Позже эта женщина стала моей женой.

Я потерял все наследство

В мае 1967 года я демобилизовался и вернулся домой. Но случилось непредвиденное. Прежде чем я пошёл в армию, родители дали мне деньги на оплату второго семестра. Эти деньги я дал в долг одному из родственников: тот обещал вернуть их с процентами, когда я вернусь из армии. Но из-за неурядиц в семье он не смог отдать мне даже той суммы, которую одалживал. Мои брат и свояк, узнав об этом, дали мне денег, чтобы я заплатил за обучение. И тут я встретил ту, с кем переписывался, будучи в армии, и без памяти влюбился в неё – мою будущую жену. Мы дали друг другу обещание стать мужем и женой. У нее были большие, ясные глаза, похожие на озера. Узнав, что у меня есть деньги на обучение, она попросила деньги в долг- ненадолго. Вернуть их она не смогла. В результате я не смог зарегистрироваться на второй семестр и вынужден был потерять несколько месяцев. В конце концов, я вернулся в свой родной город и сказал родителям: «Мама, папа, я скоро женюсь. Не могли бы вы дать мне мое наследство прямо сейчас? Часть этих денег я потрачу на свадьбу. Моя невеста – парикмахер, так что мы сможем открыть салон красоты и зарабатывать на жизнь. Остаток денег я положу в банк, чтобы копились проценты по вкладу. А еще я буду подрабатывать репетитором. Когда я закончу учиться, я поеду в Штаты и вернусь оттуда с дипломом доктора в кармане». Я так красиво расписал свое будущее, что сумел уговорить родителей. Они не могли отказать мне и, пусть и с небольшой неохотой, дали мне мое наследство. Я вернулся в Сеул с приличной суммой денег в кармане, полный радужных надежд. Но все пошло не так, как я задумал. Моя невеста должна была встретить меня на станции, но она не пришла. Я не мог найти ее целую неделю.

Моя сестра позвонила и сказала: «Джей Рок, я слышала, ты получил деньги от родителей. Сколько процентов тебе обещают в банке? Одна моя знакомая владеет торговой компанией. Если ты вложишь деньги в ее бизнес, сможешь получить неплохую прибыль! Я гарантирую, что все будет в порядке, так что можешь не волноваться!». Я, наивный, послушался ее. А поскольку от невесты не было слышно ровным счетом ничего, я снял небольшой дом, а остальные деньги отдал сестре.

Через несколько дней появилась моя возлюбленная. Оказалось, что ее семья не хочет видеть меня в качестве зятя, и все это время она пыталась их уговорить дать согласие на наш брак. Она, как выяснилось, тоже пыталась покончить жизнь самоубийством, приняв кучу снотворного. Ее успели отвезти в больницу и чудом спасли. Ее только что выписали из больницы.

Сестра отдала мне проценты с моих денег за два месяца, а потом от нее не было больше никаких новостей. Я позвонил ей и сказал: «Слушай, мне надо заплатить за обучение. Не могла бы ты вернуть мне мои деньги?». Она ничего не ответила. После Нового Года я пошел к ней домой потребовать назад свои деньги, чтобы иметь возможность продолжить учебу. Я видел, что она в смятении. «Брат, я думала, что моя подруга владеет торговой фирмой, но оказалось, что она мошенница. Ее поймали с контрабандным товаром. Она сейчас в тюрьме. Я не могу вернуть твои деньги». Я был раздавлен. Я подумал про себя: «Как это ужасно! А ведь я еще даже не окончил колледж! Что же будет?». Итак, сестра не вернула мои деньги, и я в одночасье потерял свое наследство. Я решил найти работу и пойти в вечернюю школу. Я стал работать журналистом в одной газете, а в январе 1968-го я наконец женился на своей невесте.

Я был уверен, что пьянство мне не грозит

После свадьбы, в марте 1968-го, мы решили устроить воскресную домашнюю вечеринку. Мы купили в Донгдамуне 40 бутылок виски, а друзья принесли еще выпивки. Утром я гулял с коллегами, днем пришли сеульские друзья, а вечером я отмечал свою женитьбу с соседями. Вечеринка длилась до поздней ночи. Я был уверен, что никогда не сопьюсь, что

За работой над газетным репортажем

у меня иммунитет против алкоголя, так что я не отказывался ни от одного бокала, который мне протягивали, даже утром. Я один выпил, наверное, бутылок семь виски. Из-за такого количества выпитого алкоголя у меня начались проблемы с желудком. Проводив гостей, я лег спать с чувством облегчения: вечеринка удалась на славу!

Неожиданно потолок надо мною начал вращаться. Крутились лампочки, все вращалось. У меня началась рвота. Меня рвало так сильно, что казалось, кишки вылезут наружу через горло. Жена побежала в аптеку и принесла какое-то лекарство, но не успел я проглотить таблетки, меня вырвало. Я не мог даже выпить воды. Мне было так больно. С того дня я больше не мог нормально есть. Пища в моем желудке просто не переваривалась. Я перепробовал все, включая лечение травами. Но ничего не помогало. Мы с женой были уверены, что все будет в порядке, просто нужно время; но время шло, а мне становилось только хуже: я стал терять вес, мой организм вышел из-под контроля.

Попытки вылечиться

Я вынужден был бросить работу. Я пил всевозможные лекарства, ходил по больницам, пытаясь узнать, наконец, верный диагноз. Но все повторяли одно: гастрит, язва. А я продолжал терять вес, появилась масса осложнений. Через 3 - 4 года на мне не осталось ни одного здорового места. Мое тело превратилось в ходячую Болезнь. Я перепробовал все лекарства, которые мне советовали. Летом ноги чесались, а зимой мерзли. По всему телу пошла экзема, каждое утро нарывы все больше воспалялись и гноились. Начался атрофический ринит, голова постоянно была тяжелая. Я с трудом дышал, а память между тем становилась все слабее.

Были проблемы и с лимфатическими узлами. Сначала на шее появилось маленькое уплотнение, но оно росло и росло, пока не достигло размеров виноградины. Из-за воспаления лимфоузла я просто не мог повернуть голову. Специалист по восточной медицине сказал, что не может помочь мне с воспаленным лимфоузлом, потому что я и так принимаю слишком много лекарств. Я страдал от нервного срыва, у меня началась бессонница, мучила экзема, обнаружились анемия, воспаление среднего уха; все внутренние органы, включая желудок, тонкий и толстый кишечник, были не в порядке.

Попытка поменять имя

Моя жена находила мне все новые лекарства, она пыталась вылечить меня всевозможными народными средствами. Но когда несколько лет попыток ничего не дали, она обратилась к суевериям. Люди говорили: «Его нельзя вылечить. Нужно пригласить экзорциста и выгнать бесов из твоего мужа». Кто-то советовал позвать буддийского монаха, чтобы тот изгнал из меня демона. Она пошла к монахам и делала все, что они ей говорили, чтобы изгнать из меня нечистую силу. В конце концов я даже изменил имя.

Кто-то сказал, что если поменять имя, то изменится и судьба. Мы подумали, что в этом есть смысл. Мы обратились за помощью к Бонгсу Ким Намина. Мы ждали его до полудня. А когда он пришел, он сказал: «У вас плохие имена. Почему бы вам не сменить их?». С тех пор мы стали называть себя по-другому - теми именами, которые он посоветовал, только проку все равно не было.

Муки моего больного отца

Будучи очень скрытным человеком, я старался прятать свои телесные недуги от всех, даже от своей жены. Мы все больше увязали в долгах, и я не мог просто спокойно сидеть и смотреть на все это. Я пытался найти работу. Но из-за проблем со слухом меня никуда не принимали. Мой слух ухудшился настолько, что я не мог пользоваться телефоном, а значит, просто не мог быть нормальным работником.

Мне искали работу, в которой бы я не зависел от работодателя. В конце концов я стал продавать маленькие столики. Мне пришлось преодолеть свою застенчивость, ходить по улицам и кричать: «Столы! Покупайте столы!». Так я стал продавцом столов.

Однажды (это было в 1972-м) по дороге на работу я почувствовал, что нога отнимается: мне было мучительно больно наступать на нее. Я бросил свои столики у ближайших знакомых и вернулся домой на автобусе. С того времени я оказался прикованным к постели. У меня нашли ревматический артрит. Попытки ходить вызывали ужасную боль, и я мог передвигаться только с палочкой. Но сильнее физической боли была боль душевная. Я был ужасно удручен потерей слуха. Я уже рассказывал, что еще в школе у меня лопнула барабанная перепонка. Но из-за обилия лекарств, которые я принимал в течение 5 - 6 лет, с другим ухом тоже начались проблемы. Как бы я ни старался читать по губам, если вокруг было людно, я ничего не мог понять. Я боялся признаться в своей глухоте даже своим домочадцам, потому что не хотел, чтобы меня считали инвалидом. Когда со мной разговаривали, я отвечал невпопад или не отвечал вообще, краснея при этом от стыда и от осознания своей неполноценности.

Моей жене приходилось несладко – она ухаживала за мной и крутилась как белка в колесе, чтобы отдавать хотя бы проценты, которые набегали за наши долги. Мы снимали самое дешевое жилье, поэтому нам приходилось постоянно переезжать с места на место. Из Ахьёнг Донга мы переехали в Кимпо, потом в Сангдо Донг, потом в Чонгно, потом в Дуксум и так далее. Иногда, когда наше положение было совсем отчаянным, мы жили у ее родителей или у ее сестры. В конце концов, после всех скитаний, мы поселились в горной деревушке в Кеумхо Донге. Наш дом был из кирпича и походил на квадратную глыбу. Когда мы выходили на порог, то видели вдалеке реку Хан.

Моя теща (теперь уже в вечности) много плакала из-за меня. Она возила меня по больницам, к врачам – специалистам по акупунктуре, к знахарям-травникам. Я не мог ходить, и мои друзья на руках несли меня вниз с горы, чтобы затем на такси мы с тещей могли добраться до больницы. На обратном пути она всегда покупала мне рисовый ликер – наверное, потому, что жалела меня. «Сынок, я знаю, как тебе больно. Выпей, ободрись…»

Отчаяние моей жены

Моя жена, где только могла, занимала деньги на лекарства для меня. Тем временем наши долги росли как снежный ком. Когда срочно нужны были деньги, она бежала к своим родителям, сестре или брату и просила дать ей взаймы. Она отдавала те проценты по долгам, что копились, а то, что оставалось, тратила на лекарства. Семья жены была настроена против меня, потому что я не обеспечивал свою семью, как подобает мужчине; я причинял страдания их любимой дочери. Поскольку я заболел сразу после свадьбы, мы даже не успели насладиться нашим положением молодоженов. Моя жена взвалила на себя обязанности и мужа, и жены, добывая хлеб для семьи и заботясь обо всех: и о двух наших дочерях, и обо мне. Она была полностью истощена, и вместо доброй и мягкой женщины я видел грубого человека, измотанного жизненными тяготами, которые я взвалил на ее плечи. Она ухаживала за мной пять или шесть лет, лелея надежду на мое выздоровление, но, видя, что мне становится все хуже и хуже, начала впадать в отчаяние. Она стала очень вспыльчива и чуть что собирала вещи и уезжала к родителям… «Мне не нужна любовь. Деньги – вот все, что мне сейчас нужно. Иди и зарабатывай деньги!». Когда частные заимодавцы, которые брали очень высокие проценты, требовали вернуть долги и давили на нее, она не могла этого вынести и уезжала домой, говоря, что больше не в силах выносить этот брак. Через несколько дней она возвращалась.

Как-то ей, с помощью старшей сестры, удалось открыть небольшую закусочную на рынке Кеумхо Донг. Она неплохо готовила, и от клиентов не было отбою. Она уходила на работу рано утром и возвращалась поздно ночью. В двенадцать ночи она приходила домой усталая и измотанная. Она делала все, что могла, чтобы как можно скорее рассчитаться с долгами. Но когда она видела меня, больного, лежащего в постели, она теряла всякую надежду и раздражалась из-за мелочей. Наши дочери стали изгоями в своем детском обществе. После того как жена открыла свою закусочную, я всеми силами старался заботиться о нашей старшей дочери, Миёнг, а Микиёнг - младшая - была на попечении моей матери в доме моего брата.

«Почему она так похожа на своего отца?»

Да, она действительно очень походила на своего больного отца.… У Микиёнг не было ни малейшего шанса увидеть от нас сколько-нибудь родительской любви из-за всего того, что происходило в нашей жизни. Когда я, бывало, ходил в гости к своему брату и видел, как она играет с какой-то тряпкой, у меня разрывалось сердце. Но я не мог взять ее с собой, чтобы о ней заботиться. Меня терзали муки. У меня был невроз, и я вспыхивал из-за пустяков: жена говорила что-то, что задевало мою гордость, начинался скандал, она требовала развода, собирала свои пожитки и бежала к родителям.

«Как долго вы оба будете тянуть эту волынку? Не лучше ли для вас обоих – просто взять и разойтись?».

Ее родственники приходили к нам домой и так громко выражали свое презрение ко мне, что это слышали все соседи. Я краснел от злости и стыда. Жена, возвращаясь домой, всякий раз говорила: «Я пришла не ради тебя, а ради дочки. Когда ты выздоровеешь, я с тобой разойдусь. Я бы сделала это прямо сейчас, но, если я так поступлю, люди будут показывать на меня пальцем и говорить: «Смотрите, она бросила больного беспомощного мужа!». Так что не сейчас».

Плотская любовь приходит и уходит

В 1972 году я понял, что я мешок, наполненный неизлечимыми болезнями. За последние годы я принял столько таблеток, что никакие лекарства и уколы мне уже не помогали. Мои родители, братья и сестры, мои родственники – все отдалились от меня. Жена тоже меня избегала. Даже мать, когда увидела своего сына, прикованного к постели, и поняла, что я безнадежен, горько заплакала: «Ой-ой-ой! Лучше бы тебе умереть побыстрее. Этим ты докажешь, что почитаешь меня!».

Вы представляете, что со мною было, когда родная мать, которая горячо меня любила, сказала, что мне лучше умереть побыстрее? Я всегда думал, что она никогда меня не бросит, пусть даже весь мир отвернется от меня. В тот момент я понял, что человеческая любовь преходяща. Когда меняются обстоятельства, она исчезает как дым.

Если мать не могла понять моих страданий, что говорить о брате? Он как-то пришел ко мне пьяный, сказал, что пришел меня утешить. Но вместо утешения его слова только заставили меня еще больше страдать.

Вторая неудачная попытка самоубийства

Я чувствовал себя, как маленькая птица, которая бьется крылами в надежде на спасение, но все напрасно. В первый раз, когда жена собрала вещи и ушла к родителям, я пошел за нею. Но во второй раз я не решился на это, побоявшись увидеть презрение в глазах ее родственников. Когда я думал о своих дочерях, мне очень хотелось жить, но когда я смотрел на вещи в истинном свете, когда я видел перед собой только чудовищную стену реальности, я ощущал полное бессилие. Поняв, что я никак не смогу уйти из-под тени осеняющей меня смерти, я опять набрал снотворного, желая как можно быстрее покончить со своей никчемной жизнью. Моя жизнь стала для меня невыносима из-за болезней, которые терзали мое тело. Я потерял всякую волю, всякое желание жить и выпил 20 таблеток снотворного.

В тот день моя жена была у своих родителей. Она не могла заснуть и была как на иголках. Она не могла избавиться от мысли, что со мной происходит что-то непоправимое. Все больше беспокоясь, она поймала такси, а приехав, обнаружила меня умирающим. Она отвезла меня в ту самую больницу, где меня лечили, и меня спасли. «Я даже не могу покончить с этой жизнью так, как мне хочется. Даже не стоит больше и пытаться». Придя в себя и размышляя о двух неудачных попытках самоубийства, я пришел к выводу, что какая-то высшая сила вмешивается в мою жизнь. Я решил больше никогда этого не делать.

Кошачье мясо лечит артрит?

Иногда, когда мне становилось лучше, я выходил на улицу, опираясь на палку. Но бывали и дни, когда я лежал в постели и не мог пошевелить ни одним мускулом. Кому-то приходилось выносить за мной судно. Моя жена услышала где-то, что артрит лечится кошачьим мясом, и она скупила всех кошек не только на рынке у нас в Сангдонг Ку, но и на других рынках, таких, как Донгдаймун и Джунгбу. Она варила кошачье мясо и заставляла меня это съедать.

Жена и мать пичкали меня всем, что, по словам людей, могло мне помочь. Они варили сороконожек, делали настой пустырника, отваривали кору деревьев. Они отваривали собачий и медвежий желчный пузырь. Кто-то сказал, что есть германские таблетки от проказы, и они содержат какой-то яд. У меня все тело было в язвах, и я стал пить эти таблетки в надежде на исцеление, но результат был смехотворный.

Лечение экскрементами

Я перепробовал все лекарства, все настойки, все народные средства, отвары трав, я прибегал к знахарствам и экзорцизму, но мое состояние делалось хуже и хуже, я продолжал падать в бездонную яму.

«Джей Рок, в город приехал известный врач. Может, сходим к нему на прием?» -

«Почему бы нет? Разве мне есть что терять?». Я послушал

совета друзей в Кумхо Донге и пошел к этому доктору. Он послушал мой пульс и осмотрел меня. «Это чудо, что ты все еще жив. Твое сердце вроде бьется, но пульса почти не слышно. Это просто чудо какое-то. Есть только один способ вылечить тебя от всех твоих недугов. Ты ведь играл в детстве в подвижные игры? Тебе, наверное, часто доставалось: у тебя по всему телу участки с мертвыми кровяными клетками, закупоренные сосуды, синяки и кровоподтеки. Вот что стало причиной твоего нынешнего состояния». - «Правда? Так что же мне делать?» - «На железнодорожной станции в пригороде есть общественные туалеты. Экскременты там разлагаются в течение больше чем десяти лет. Набери их и выпивай по пивной кружке три раза в день в течение 15 дней. Тогда все участки с кровоподтеками рассосутся, и ты снова будешь здоров».

Доктор подробно объяснил мне, как достать эту жижу из испражнений. Я пообещал доктору хорошо заплатить, если его «лекарство» сработает. Мы с женой подумали: «Вот она, панацея!». Мы помчались на пригородный вокзал, чуть ли не танцуя от радости. Мама выслушала, как нужно было принимать это снадобье, и потратила всю ночь, собирая драгоценную жидкость, а потом бережно принесла мне ее на красивой тарелке.

15 дней я пил это «чудо-лекарство» и не пропустил ни дня. Ужасный запах! Эту гадость нельзя было выпить даже раз, но я настолько горел желанием исцелиться, что пил все это через трубочку, потом чистил зубы и долго сосал карамельку, которую мне давала мама. Но запах не уходил. На пятнадцатый день я понял, что все было напрасно.

«Мама, если мне суждено умереть, я поеду домой, в Сеул, и умру там».

Глава 2

Бог воистину жив!

Моя жизнь оборвется, когда опадет последний лепесток

Как моя вторая сестра рассказывала мне о Боге

Когда наш последний эксперимент с экскрементами провалился, мы с женой вернулись домой, в Сеул, в отчаянии. Теперь моим единственным желанием было быстро умереть, и я просто лежал в постели и смотрел, как время бежит своим ходом. Мое существование в нашем шлакоблочном домике сводилось к чтению романов и поглощению корейского рисового ликера. В маленьком однокомнатном доме стояла бутыль с ликером, а еще по всей комнате были разбросаны упаковки из-под таблеток и книги, которые я взял у кого-то почитать.

В моей семье единственным верующим человеком была моя вторая сестра. В детстве, после приступа высокой температуры, она ослепла на один глаз. Она вышла замуж за молодого человека из соседней деревни и родила троих сыновей и двух дочек. Она жила жизнью верной христианки.

Однажды кто-то рассказал ей Благую Весть, и она стала ходить в церковь. Мама и братья считали ее фанатичкой и были не в восторге от того, что она ходит в христианскую церковь. «Ты так много работаешь, а потом отдаешь все в свою церковь. А еще ты не работаешь по воскресеньям. Так тебе не избежать нищеты. Разве ты не хочешь стать богатой?». Но, даже когда мама нападала на нее с упреками, она только улыбалась в ответ: «Мама, это такое счастье – верить в Иисуса. Почему бы тебе тоже не пойти со мной в церковь?».

По воскресеньям она быстро переделывала все домашние дела и бежала в церковь. Свой первый урожай она тайком приносила в дом пастора и убегала. Так, по-своему, она служила Божьему служителю.

Она прилежно посещала собрания и стремилась обрести благодать Божию. Она даже пожертвовала церкви свое золотое кольцо, которое в то время считалось большой ценностью:«Боже, дай мне веру, столь же драгоценную, как золото. Дай мне веру, против которой, как против золота, будет бессильно время».

Я любил ее с детства больше всех. Когда я учился в Сеуле, я всегда останавливался у нее на каникулах. Она использовала всякую возможность, чтобы рассказать мне о Боге. Когда я заболел, она всей душой сострадала мне. Она не уставала уговаривать меня пойти в церковь, говоря:

- Брат, если ты пойдешь в церковь, Бог исцелит тебя. Ты снова будешь здоров.

- Не смеши меня. Мы живем в век, когда люди отправляют корабли в космос. Где Он – твой Бог? Если Он есть, покажи мне Его!

Она много раз уговаривала меня поверить в Господа, но я

был упрям и продолжал твердить одно: «Если Бог существует, я хочу Его увидеть».

Моя жизнь оборвется, когда опадет последний лепесток

Я чувствовал себя так же, как героиня одного из рассказов, которые я прочитал. У нее не было никакой надежды на завтрашний день. Она вбила себе в голову, что, когда ветер сдует последний листочек с вьющегося растения, которое оплело ее стену, закончится ее жизнь. Я тоже жил в полном отчаянии, не имея никакой надежды на завтра.

В апреле 1974 года поля и холмы по всей округе покрылись цветущими розовыми азалиями и золотыми колокольчиками. Повсюду плыл их чудный аромат. А моя жизнь ускользала от меня, и каждый мой вдох лишь приближал меня к смерти.

«В это время года все в природе полно движения и жизни. Тогда почему моя жизнь должна оборваться, подобно последнему листку, трепещущему на ветру?».

Никто не радовался встречам со мной. Я не мог есть ни рис, ни мясо, зато мог пить сколько угодно. Алкоголь был моим единственным другом. Вися на волоске, я всецело зависел от него. Мои родители, братья, сестры навещали меня все реже и реже. Да я и не ждал никаких гостей. Но однажды в мою дверь постучали. Это была моя сестра, та, которую я больше всех любил.

- Каким ветром тебя занесло в Сеул? Заходи!
- У меня тут кое-какие дела.

Это было самое горячее время для земледельцев, и я

удивился, что она все бросила и приехала, но я был рад видеть ее.

Сопровождающий

- Послушай, окажи мне услугу. Есть место, куда я давно хотела сходить. Проводи меня туда.

- О чем это ты? Ты же знаешь, что я почти не хожу.

-Я знаю, знаю. Но мне очень нужно туда попасть. Прошу, помоги мне!

Сначала я отказывался, говоря, что не могу сопровождать ее из-за своей немощи. Но она так горячо упрашивала меня, что мне в конце концов стало не по себе и я больше не мог упираться.

Место, куда она хотела пойти, было евангелизационное служение исцеления, которое проводила старшая дьяконисса Шин-ай Хюн. Она была известна как великая целительница от Бога. Моя сестра горячо молилась за меня и искала повода пригласить меня в церковь; благодаря ее стараниям я и познакомился с Шин-ай Хюн. Сестра знала, что, если бы она просто уговаривала меня отправиться за исцелением в церковь, я бы точно отказался. Бог дал ей мудрости привести меня в церковь, уговорив меня сопровождать ее.

Перед тем как поверить в Бога

В школе меня учили теории Дарвина, и я был атеистом. Я твердо заявлял, что никаких духов нет. Но на самом деле глубоко внутри себя я не мог всерьез отрицать существование Бога. Так много было всего, что подсказывало мне, что есть жизнь после смерти. В своем сердце я, на самом деле, признавал существование Творца. Я думал: «Раз есть Бог, значит, наверняка, есть и ад, как в том фильме, который я видел. Тогда что со мною будет после смерти?».

Признавая в глубине души существование Бога, я не мог отрицать загробную жизнь. Где-то в уголках моего сердца прятался страх перед адом. Вот почему, даже не веря «официально» в Бога, я все же пытался жить праведно и правильно.

Как бы то ни было, сестра не просила меня идти в церковь – она попросила сопровождать ее на евангелизационное служение, и я согласился. 17 апреля 1974 года она встала пораньше со словами о том, что нужно поторопиться, чтобы сесть поближе к сцене. Я впервые за долгое время вышел из дома. Мне пришлось нелегко, пока я спускался вниз по дороге, ведущей из нашего горного городка Кюмхо Донга. Мы шли очень долго. Мы сели на автобус до Сеодаймуна и приехали в церковь старшей дьякониссы Шин-ай Хюн.

Здесь что, все сошли с ума?

Несмотря на то, что у меня были повреждены барабанные перепонки в обоих ушах, я мог слышать какие-то звуки, хоть и не ясно. На втором этаже уже было море людей, так что нам пришлось подняться на третий. Ступеньки были с небольшим наклоном, чтобы удобно было инвалидам. Но, идя с палочкой, я не поспевал за сестрой.

Судя по всему, шла общая молитва. Люди, сидящие рядом со мной, поднимали вверх руки и что-то громко кричали. Я никогда ничего подобного не видел, так что я просто не знал, что делать, а потому только глазел по сторонам. Потом я увидел, что сестра склонилась на колени и молится со всеми, а руки у нее трясутся.

Все выглядели как круглые психи, и моя сестрица тоже. Я сгорал от стыда. Мне хотелось только одного: встать и убраться оттуда подальше. Но позади меня скопилось уже много людей, так что уйти я не мог. Что мне оставалось делать? Да и не мог я просто уйти и оставить сестру там одну! Я никогда не видел, чтобы кто-то так молился - размахивая руками и громко выкрикивая слова молитвы. Это немного нервировало, но уйти я все равно не мог, так что пришлось смириться. Я подумал, что мне тоже не мешало бы встать на колени. Я так и сделал и закрыл глаза. Вдруг я почувствовал, как весь вспотел, и пот льется у меня по спине. Был весенний день, но точно не было жарко. Я был очень худым – кожа да кости – и просто не мог так сильно потеть. Это было странно, и я тогда подумал: «Я, наверно, сильно перенервничал, вот кровь и бушует во мне. Наверно, поэтому я так вспотел…».

Это потом я понял, что, как только я склонил колени, огонь Святого Духа сжег все мои недуги. На кафедре, которая стояла далеко от нас, стояла Шин-ай Хюн, вся в белом. Она горячо проповедовала. Звук от динамиков был очень громкий, но я почти ничего не слышал. До меня долетали отдельные слова и фразы. Я подумал: «Было бы неплохо услышать, что говорит эта женщина».

Все перевернулось в моем сердце в тот момент, когда я весь покрылся потом (на самом деле, меня коснулся Дух Святой). Я захотел услышать голос проповедницы. Сестра спросила: «Почему ты не хочешь, чтобы она за тебя помолилась, как за других?».

Лицо сестры просто сияло, она умоляла меня пойти туда, где совершалась молитва. Я встал с места и протиснулся сквозь толпу к тому месту, где сидела старшая дьяконисса.

Из динамиков звучали слова - свидетельства тех, кто получил исцеление через молитву. Я слышал только обрывки фраз. Какая-то женщина рассказывала, как приняла «огонь Святого Духа» и исцелилась в тот самый момент, когда Шин-ай Хюн прикоснулась к ней рукой.

«Все они, по-видимому, исцелились посредством молитвы. Но я все равно не верю в это».

Шин-ай Хюн клала руку сначала на голову, а потом на спину тем, кто проходил мимо нее, как будто считала людей «по головам». Я подумал: «Она обращается с людьми, как с багажом! Да ведь она просто аферистка! Людей огромное множество, а она ни за кого конкретно не молится, она просто отпихивает от себя человека, положив ему руку на голову, а потом – на спину». Меня это задело.

В тот самый момент я вспомнил один случай, который произошел, когда я учился в начальной школе. Одна женщина в местности Джунг-юп была известна своим даром исцеления. О ее собраниях сообщалось даже в газетах. К ней сходилось много людей. Мой племянник тоже туда пошел (у него болело ухо). Через две недели выяснилось, что она была просто мошенницей. Ее арестовали. Этому были посвящены передовицы газет. «Наверное, эта женщина, как и та, просто дурит людей». Задумавшись, я не заметил, как оказался внизу, на ступенях.

«Как странно! Я спустился вниз, и мне совсем не было больно при ходьбе. И как легко у меня получилось спуститься!».

Я слышу! Я слышу!

Моя сестра была настолько счастлива, как будто она загадала какое-то желание, и оно исполнилось. Мы сели в автобус. Вдруг я стал слышать громкие звуки – они звучали в моей голове подобно грому. Я подумал: «Как странно! Откуда этот грохот в моей голове?».

Громоподобные звуки прекратились, когда я вышел из автобуса возле рынка Кюм-хо. Я попрощался с сестрой и пошел в закусочную на рынке, которую держала моя жена. Чего только не было на полке, включая мясо. Я слышал разговоры посетителей, которые ели и мило болтали при этом…. Я был счастлив!

«Я слышу! Я слышу!»

Жена с удивлением спросила:

- Что, ты слышишь? А с чего это у тебя вдруг появился слух?

- Я все слышу, я слышу разговор всех твоих клиентов. Дорогая, я есть хочу. Можно мне мяса с рисом?

- Ты с ума сошел? У тебя будет несварение, да еще весь покроешься сыпью!

- Со мной все в порядке. Мне кажется, я уже переварил все. Не волнуйся, дай мне поесть.

Я мигом проглотил весь рис и мясо. Обычно я мог съесть совсем немного риса - и все. Это было какое-то чудо. Я чувствовал, что желудок прекрасно справляется с едой. Вообще, все было прекрасно!

Безусловно, чудо!

На следующее утро, проснувшись, я, как обычно, пошел в ванную. Первое, что я всегда делал по утрам, чистил ватой уши от гноя, который скапливался за ночь. Я делал это с утра, чтобы жена не видела эти выделения и не расстраивалась. Я стал протирать уши, но, к моему удивлению, вата была чистой! Более того, по утрам я обычно страдал от анемии и мне приходилось несколько секунд собираться с силами, прежде чем отправляться в ванную комнату. Но в этот день я просто встал и пошел. И это еще было не все. Раньше из-за артрита на тыльной стороне рук, на локтях, на коленях, на лодыжках и в других местах у меня были гноящиеся язвы. В то утро они подсохли и покрылись черной коркой.

«Я ничего не понимаю. Как это все странно!»

Вдруг сердце сильно забилось. В волнении я вернулся в свою комнату, разделся и стал осматривать свое тело. У меня был воспален лимфатический узел, и ночью я не мог повернуться с одного бока на другой, поэтому спал всегда на одном боку. Но шишка на лимфоузле размером с виноградину куда-то исчезла! Я вспомнил еще одну деталь своего прежнего состояния. Зимой у нас на кухне в титане всегда была горячая вода. Однажды я, как обычно, наклонился над ним, чтобы зачерпнуть горячей воды. Вода кипела вовсю, и мне в лицо ударил пар. Я попытался увернуться и случайно облил кипятком себя. Я обжег руки и грудь. Эти ожоги оставили на мне уродливые шрамы. Но даже и этих шрамов не было! Это было несомненное чудо. На моем теле не осталось ни одного больного места.

И тут я вспомнил, что произошло накануне: я спустился вниз по лестнице безо всяких усилий. По дороге домой я мог услышать грохот. Потом я расслышал разговор постояльцев в забегаловке своей жены. Утром у меня не было приступа анемии. В ушах не было гноя, и, когда я наклонялся, я не чувствовал привычной боли в коленях.

«Неужели Бог исцелил меня?»

Столкнувшись с тем, во что я сам не мог поверить, я удивился. Я не принимал накануне никаких лекарств, мне не делали никакой операции! Но болезней больше не было! Все те, что я не мог вылечить никакими лекарствами, просто исчезли!

«Бог воистину жив!».

Я, наверное, выглядел совсем глупцом, но разве мог я дальше сомневаться? Я встал на колени и воздел руки к небу.

«О Боже! Ты действительно существуешь. Ты исцелил меня в один миг. Прости меня, неразумного... Я не слушал никого, когда меня призывали обратиться к Тебе. Но Ты – воистину Живой Бог, и Ты полностью исцелил меня».

Я пытался убедить себя, что все это – лишь совпадение, но больше я не мог сомневаться. У меня как будто выросли крылья. Я все еще не мог поверить в реальность всего происходящего. Моя жена, которая была на улице, услышала, как я молюсь, и, удивленная, вошла в комнату.

«Дорогая, ты только посмотри на меня. Бог исцелил меня!».

Она осмотрела меня всего, и ей ничего больше не оставалось, как поверить в то, что это Бог даровал мне исцеление. Она радовалась и обнимала меня, и громко плакала от счастья. Мы долго плакали вместе. Все печали, вся боль – все растаяло, и нас наполнили радость и чувство благодарности Богу.

Тот, Кто меня исцелил

В тот момент, когда в церкви я встал на колени, Бог огнем Святого Духа исцелил меня от всех моих немощей. Он исцелил меня еще до того, как старшая дьяконисса Шин-ай Хюн стала молиться обо мне. Я был атеистом, я отрицал Бога. Ведь я даже никогда не просил Его о своем исцелении

– почему же Он меня исцелил? Я думаю, то был ответ на молитву моей сестры, которая так долго в посте молилась о моем спасении. А еще, наверное, Бог знал, что, после того как я познаю Его – Истинного, Живого, – я никогда больше не вернусь в мир, никогда не предам Его, а буду жить по Его Слову, любя Его до конца моих дней.

Развод и возвращение моей жены

Трехмесячное счастье

Как в той истории, которая называется «Синяя птица счастья», мне казалось, будто птица счастья залетела в мой дом. Самая главная перемена, которая произошла в моей жизни, - теперь каждое воскресенье мы с женой стали ходить в ближайшую церковь. Мы делали это потому, что Бог по Своей благодати исцелил меня от недугов, и мы считали, что должны как-то отплатить Ему за эту благодать.

Но мы все еще были в долгах, да и другие трудности никуда не делись. Но мы все же радовались и были счастливы. Я был счастлив, что больше меня не терзает боль. Я был счастлив, потому что у меня появилась надежда, мечта, что я смогу нормально работать и кормить свою семью сам, без посторонней помощи.

Мы с женой говорили о наших планах на будущее. Раз я больше не болел, значит, через пару месяцев я стану нормально работать. Тогда мы сможем отдать долги и расширить наш магазин. Мы будем много работать, заработаем кучу денег и откроем большой ресторан. Был один человек, который хорошо делал костюмы для ныряния, я стал его помощником. Я надеялся, что быстро обрету былую физическую форму. Сначала я быстро уставал, но вскоре мое тело наполнилось энергией. Я стал зарабатывать деньги и думал о своем будущем.

Через 90 дней после моего исцеления мы отмечали день рождения моего отца.

Твой сын заболел из-за меня?

10 июля 1974 года на день рождения моего отца вся наша семья собралась в нашем доме в моем родном городе. Я отправился туда на несколько дней раньше, а жена, которой приходилось работать в ее закусочной, прибыла только накануне ночью.

Пусть это и не было триумфальное возвращение, но я был счастлив. Когда, еще будучи больным, я приезжал в родной город, я делался добровольным затворником: закрывался в своей комнате, стараясь не попадаться никому на глаза. Я пил лекарства, а потом возвращался в Сеул. Я боялся, что соседи станут относиться ко мне как к инвалиду. Как же я был счастлив теперь, став совсем здоровым человеком!

Я свидетельствовал о Боге: «Я страдал от стольких болезней и ждал только смерти, которая избавит меня от страданий. А потом я пошел вместе с сестрой в церковь Шинай Хюн и получил исцеление».

Я говорил всем о том, что Господь – Бог Целитель, что Он

нашел меня и исцелил. Я почти не знал Слово Божье, но я говорил о Боге, делился своей радостью со своими родителями и братьями.

После празднования дня рождения моего отца жена стала собирать вещи, готовясь к возвращению в Сеул. Мы с братьями выпивали перед отъездом. И вдруг я услышал, как хлопнула входная дверь, и увидел, что моя жена бежит прочь и кричит что-то о разводе. Моя сестра и свояченица бежали за ней, пытаясь ее остановить.

А случилось вот что.

Моя мать была так счастлива, что ее младший сын, который, как она думала, вот-вот умрет, выздоровел, и она заговорила об этом с моей женой:

- Дочка, мой сын заболел сразу после женитьбы на тебе, и ты много страдала. Теперь, если вы будете много работать, наступят хорошие времена.

Услышав это, моя жена подумала, будто мать считает ее виновной в моей болезни. Она побледнела от гнева:

- Ах так! Вы считаете, что ваш сын заболел из-за меня? Ноги моей больше не будет в вашем доме! Я подаю на развод!

Напрасно её пытались успокоить:

- Сестра, ты все неправильно поняла. Ты же знаешь, что мама вовсе не это имела в виду!

Моя жена вернулась в Сеул. Вечеринка сразу же превратилась в подобие похорон. Мама была просто вне себя. Она сказала:

- Вот почему ты так долго не мог исцелиться! Немудрено с такой-то женушкой! Джей Рок, мы приготовили шикарный ужин. Садись, угощайся! Забудь обо всем!

- Забыть о чем? Как тебе могло такое в голову прийти! Как

я могу теперь забыть?

Мои братья и сестры что-то говорили, пытаясь меня успокоить, но только делали тем самым хуже. Я был настолько вне себя, что схватил бутылку соджу и выпил ее единым залпом. Отец был ужасно расстроен, что я устроил такой беспорядок. Хотя ему стукнуло 70, он оставался крепким мужчиной, у него сохранялось хорошее зрение: он любил читать книги и газеты на китайском. Но в тот день из-за шока он потерял зрение, и оно так и не восстановилось. Мое поведение на той вечеринке показалось ему проявлением крайнего неуважения к нему как к отцу. То, что случилось, все еще лежит тяжким грузом на моем сердце.

Можно понять и мою жену: долгих семь лет она страдала, выхаживая меня и зарабатывая на жизнь. Ей показалось, что свекровь обвинила ее в моих болезнях. Ей, должно быть, было ужасно больно услышать такое. Тяжело ей было унять ту боль и то отчаяние, которые вспыхнули в ней, когда она вспомнила семь изматывающих лет, полных безнадежности, когда столько всего свалилось на нее, да и поделиться своим горем она ни с кем не могла.

Спустя четыре месяца боли

На следующий день я поехал назад, в Сеул, со своей старшей дочерью, Миёнг. Я искал жену, но ее не было ни дома, ни в закусочной. На следующий день она вернулась домой, и то был совершенно другой человек.

Она сказала мне: «Мы разводимся. Нас ждут бумаги, связанные с бракоразводным процессом. Ты должен их подписать». Я пытался переубедить ее, но все было напрасно. Уступив ее настойчивости, я пошел и подписал все бумаги.

Мы жили в маленьком городке, и слухи полетели быстро. Мне было жаль своих родителей и стыдно смотреть в глаза соседям. Я никогда на самом деле не верил, что моя жена пойдет на развод. Я ждал, что она вернется, и через несколько дней она действительно вернулась. С толпой родни.

Вот что я услышал: «Теперь, когда вы в разводе, мы хотим получить назад свадебные подарки. Мы также хотим забрать залог, отданный за закусочную».

Мы 17 раз меняли жилье, так что у нас почти ничего и не было. Но жена и ее родственники упаковали все ее вещи, которые она принесла с собой при женитьбе. Мне было так жаль их всех.

Пятилетняя Миёнг наконец поняла, что происходит. Она схватилась за мамину юбку:

- Мама, не уходи! Останься со мной! Не оставляй меня! Я умру без тебя!

Миёнг плакала и бежала за нею. С нее свалились туфельки. Но жена только холодно отстранила ее от себя.

- Папа, она мне больше не мама. Я больше не буду так ее называть. Пусть никогда больше не возвращается!

Из-за той боли, которая терзала ее сердце, ее слова были подобны маленьким колючим льдинкам.

Я пошел учиться работать на стройке. Но при этом никогда не пропускал воскресных служений в церкви. Обычно с субботнего вечера я не курил и не пил, чтобы наутро от меня не пахло перегаром и табачным дымом. Я посещал и утреннее, и вечернее служения, и, только возвращаясь домой, я наконец мог выпить и закурить – сделать то, от чего мне приходилось воздерживаться целый долгий день.

Я не знал, как нужно молиться, но я опускался на колени и громко говорил с Богом: «Боже, Ты ведь все знаешь... Я выздоровел и теперь могу зарабатывать на жизнь, но вот как все повернулось. Пожалуйста, верни мне мою жену. Я причинял ей страдания, но теперь я могу сделать ее счастливой. Пусть она вернется побыстрее, пусть мы станем счастливой семьей».

Рано утром я завтракал, оставлял Миёнг у своего старшего брата и шел на работу. Вечером, возвращаясь после работы, я забирал ее. Один день был похож на другой. Потом я вынужден был отправить ее к бабушке в мой родной город. Но вскоре мать позвонила мне и сказала, что у Миёнг все тело с головы до пят покрылось язвами; все было настолько серьезно, что никакие лекарства не помогали. Язвы кровоточили, на коже головы в ранках завелись личинки. Ее отправили в больницу, но все шло к тому, что она не останется в живых.

Даже будучи без сознания, она звала маму. Меня попросили устроить ей встречу с мамой в последний раз, перед смертью. Я полностью позабыл, что к этому времени мы уже были разведены по закону, и я поехал к своему свояку в Кюмхо Донг. К счастью, моя теща была дома; я рассказал ей о Миёнг и попросил разрешения увидеться с женой. Она ответила очень холодно:

- Если твоя дочь умрет, лучше тебе жениться заново. А мою дочь оставь в покое!

Миёнг так и не увидела мать, но, как ни странно, она все же выжила.

Свадьба

Я потворствовал своему желанию пить и курить, чтобы забыть о том мраке, в который превратилась моя жизнь. Я не мог понять свою супругу: она ушла из дома из-за одного-единственного слова, да и то, сказанного не мной, а моей матерью. Я всей душой ненавидел ее родственников — ведь это они понудили ее к разводу. Чтобы забыться, я заливал свое горе алкоголем. Когда-то я дал своей сестре денег и потом потерял все из-за нее, поэтому я отправился к ней и попросил у нее денег, чтобы открыть свое дело. Но я просадил все до последней монетки, сидя в баре. У меня не было ни сил, ни воли жить дальше.

Моя семья пыталась как-то мне помочь, спасти меня. Сестра предложила: «Мам, нам лучше женить его заново. Если мы его так бросим, он снова превратится в ходячего мертвеца, каким был раньше». В конце концов мать мне позвонила. Она сказала, что у нее на примете есть хорошая женщина, и я должен приехать к ней, чтобы она меня познакомила с ней. Но я верил: «Моя жена вернется. Я не стану жить ни с какой другой женщиной». Я был уверен, что моя любовь к жене никогда не иссякнет. Я не мог даже представить себе жизнь рядом с другой женщиной.

- Сынок, ну всего разочек! Это моя последняя надежда! - Мама умоляла меня встретиться с ее протеже. Всего один раз. Я поддался ее уговорам. Я решил, что просто скажу ей "Здравствуйте!" и потом уеду. Но промысел Бога был глубже!
Когда я отправился на встречу с моей потенциальной избранницей, я увидел женщину, которая показалась мне самим совершенством, женщину, о которой я всегда мечтал.

На ней было белое платье - а мне нравился этот цвет. Ее длинные волосы ниспадали на плечи и струились по спине. Она была как картина, написанная кистью великого мастера. Я просто не верил своим глазам. Ее мать была суеверна: кто-то предсказал ее дочери, что та будет счастлива, если выйдет замуж за мужчину, для которого это будет повторный брак. Вот почему ее мать пошла на то, чтобы эта встреча состоялась. Мы понравились друг другу, и обе семьи стали поспешно готовиться к свадьбе.

До этого момента я все ждал, что вернется моя бывшая супруга. Я никогда даже не смотрел на других женщин. Но во мне вдруг все перевернулось, и для меня самого это было шоком. Дата была назначена, и наши семьи обменялись свадебными подарками. А потом вдруг явилась моя бывшая жена. Она услышала, что я собираюсь жениться, и, видимо, захотела проверить, что там, в моем сердце. Но когда она увидела, что мое сердце занято невестой, что я твердо решил связать свою судьбу с другой, она была ошеломлена.

Прощение

Моя бывшая жена была твердо уверена, что я, в отличие от других, никогда не смогу ее разлюбить. Она была в шоке, узнав, что я собираюсь жениться на красивой одинокой женщине. Она поняла, что в моем сердце ей не осталось места. Тем не менее на следующее утро она пришла с чемоданами в руках. Я спал, когда услышал, как хлопнула входная дверь. На пороге стояла она со своими вещами. Но разве уже не было слишком поздно? Я уже дал обещание жениться на другой женщине, поэтому я выставил ее чемоданы за порог. Скандал нарастал, пока мы таскали чемоданы туда-сюда.

Я сказал ей:

- Я очень обижен на твою семью, а еще мне стыдно за себя перед своими родственниками. Кроме того, уже назначен день свадьбы – что я скажу семье этой девушки?

- Я попрошу прощения и у той, и у другой семьи. И я буду делать все, что ты скажешь.

- Даже если я тебя прощу, тебя никогда не простят мои родители, мои братья и сестры!

Но она стояла на своём:

- Меня простят все. Я умру членом этой семьи.

Хотя вся моя любовь к этой женщине испарилась, я не мог не думать о двух наших дочерях. Я понимал, что лучше будет для них, если их воспитает родная мать. Я согласился простить ее на нескольких условиях. Она должна была полностью мне повиноваться, а еще она должна была добиться прощения всех наших родственников. Я также потребовал, чтобы ее родня пришла и извинилась передо мной. На этих условиях я принял свою бывшую жену. Мы снова были вместе. Прошло 120 дней с того момента, как она ушла из дома.

Я откровенно рассказал обо всем матери женщины, на которой собирался жениться, и попросил ее понять меня. Неожиданно для меня, она все поняла и согласилась со мной. Но, только спустя долгое время, я осознал, что во всем этом был промысел Божий.

Почему в моей жизни случился развод?

Пока моя жена зарабатывала на жизнь и заботилась о своем

больном муже, у нее не было никакой надежды изменить что-либо. Ее мягкое и чистое сердце очерствело.

«Смерть и жизнь - во власти языка, и любящие его вкусят от плодов его» (Притч. 18:21).

«От плода уст своих человек вкусит добро, душа же законопреступников - зло. Кто хранит уста свои, тот бережет душу свою; а кто широко раскрывает свой рот, тому беда» (Притч. 13:2,3).

Моя жена знала, что я любил ее всем сердцем, - даже уходя пару раз, она все равно возвращалась домой. Мы знали друг друга, знали, что у каждого из нас в сердце. Она меня не бросила, пока я был безнадежно болен. Но она не раз говорила, что потребует развода, как только я выздоровею. Так ее слова копились и превратились в сатанинскую ловушку. И ловушка захлопнулась в тот день, когда мы отмечали юбилей моего отца. Согласно законам духовного царства, наши злобные высказывания дьявол использует, чтобы обвинять нас, и справедливый Бог соглашается с этим, допуская, что наши слова становятся нашим приговором. Моя жена не контролировала свои мысли и чувства, поэтому пошла на развод со мной. Но Бог воссоединил нас, и это было на пользу всем.

Глава 3

Мое призвание

Начало честной христианской жизни

Во время служения я понял, что я грешник

Бог кардинально изменил мою жену: она стала словно овечка. После нашего примирения и воссоединения между нами впервые за долгое время установился мир, и мы были счастливы. Вернувшись в семью, она делала все возможное, чтобы всем угодить; стараясь загладить свою вину, она посвятила себя своей семье. Но Миёнг категорически отказывалась называть ее «мамой» и держалась с ней очень холодно. Моя жена пролила много слез, пытаясь вновь завоевать сердце и разум дочери. 26 ноября 1974-го, по настоянию владельца дома, в котором мы тогда жили, мы пошли на евангелизационное служение в церковь Сунгдонг в Оксу Донге. Мы с женой всегда прилежно посещали все утренние, дневные и вечерние служения. В тот день говорил пастор Евангельской церкви Святости, Биёнг-хо Пак. Его проповедь называлась «Отдай все, что имеешь, и стань нищим». Он свидетельствовал о том, что за все, что он жертвовал Господу, Бог всегда благословлял его обильно. Когда он отдал все свои сбережения на строительство церкви, Всеведущий Бог обильно благословил его. Мы с женой сидели в первом ряду, и слова проповедника были настоящей благодатью для нас. Именно слушая проповеди, я узнал, что должен был читать Библию, узнал, что Иисус Христос – наш Спаситель, что я должен был бросить курить и пить. Я научился молиться, отдавать десятину. Я узнал об основах христианской жизни.

Я всегда гордился собой, потому что всегда старался жить «правильно». Когда я был маленький, про меня говорили, что мне «не нужны никакие законы». Но с первого дня, после того как я узнал, что я грешник, увидев себя в зеркале Слова Божьего, я каялся в слезах перед Богом. Я был очень застенчивым и замкнутым человеком. Для меня это было чем-то из ряда вон выходящим – плакать на людях, ходить с опухшим носом. Но Бог действовал во мне могущественно, являл мне Свою благодать.

Начало честной христианской жизни

На последнем служении из цикла «Служения возрождения» я дал обет пожертвовать деньги на строительство церкви. В то время я арендовал дом, отдав за открытие депозита 100 000 вон (это примерно 100 долларов). Я был так благодарен Богу за Его доброту ко мне, что готов был отдать Ему все, что у меня было. Но в том-то и дело было, что у меня ничего не было. Я долго мучился и в конце концов решил пожертвовать на церковь 300 000 вон. Я поговорил с женой, и она согласилась с моим решением. Мы решили отдать эту сумму в течение 3 месяцев.

Назначенный нами самими день приближался, но денег, которые мы пообещали отдать на строительство церкви, у нас так и не было. Обет, данный Богу, нельзя было нарушать, поэтому мы должны были отдать эти деньги точно в срок. Мы вынуждены были взять деньги под высокий процент в банке – только так мы смогли отдать эту сумму. После посещения тех собраний мы с женой стали жить честной христианской жизнью. Как учило нас Слово Божье, мы жертвовали деньги и отдавали десятину. Я перестал пить и курить, устроился работать строителем, а в те дни, когда не ходил на работу, с утра уходил в горы, чтобы молиться. У меня тогда не хватало духовного опыта, и я не знал, что Божья воля была в том, чтобы я вопиял в молитве и держал пост. Я просто повиновался зову своего сердца.

Воззови ко Мне, и Я отвечу тебе!

Рано утром, в 1975 году, я поднялся на гору Чилбо в Суоне. Я расстелил одеяло на земле и молился. Вдруг я услышал голос с неба. Он звучал ясно, мощно и властно: «Прочитай Луки 22:44!» . Я быстро открыл Библию и прочитал:

«И, находясь в борении, прилежнее молился, и был пот Его, как капли крови, падающие на землю».

Молитва, угодная Богу, - это молитва горячая, молитва с криком. Я молился о том, чтобы Бог открыл мне смысл этого стиха, и Он дал мне ясное откровение того, что означают эти слова.

Израиль расположен в пустынной местности, где температура резко падает ночью. Когда Иисуса распинали, был апрель - вспотеть ночью в такое время года было почти невозможно! Итак, насколько искренне и горячо Он должен был молиться, что кровь, как пот, капала на землю? Его молитва была настолько горяча, настолько мучительно пламенна, что капилляры разрывались и кровь просачивалась через поры, чтобы каплями падать на землю. Если бы Иисус молился молча, такого никогда бы не смогло произойти.

Секрет молитвы с воплем

После этого я нашел в Библии - и в Ветхом, и в Новом Заветах - множество стихов о том, что должно вопиять к Богу в молитве. Я понял великих мужей веры, которые кричали к Господу и получали ответ на свои молитвы. Это воля Бога – чтобы мы кричали к Нему. «Воззови ко Мне, и Я отвечу тебе; покажу тебе великое и недоступное, чего ты не знаешь» (Иер. 33:3). Иона, когда ослушался Бога, был проглочен китом. В Ион. 2:2 мы читаем, что он воззвал к Богу из чрева кита, и Бог услышал его и спас. В Ин. 11:43,44 мы читаем, как Иисус громким голосом приказал мертвому Лазарю выйти из гробницы. Лазарь был во гробе уже четыре дня, но он вышел живым, обвитый по рукам и ногам погребальными пеленами. Громким голосом или тихим – казалось бы, какая разница, раз Лазарь мертв? Но это была воля Бога – Иисус кричал к Отцу в молитве! Вспомним Быт. 3:17 :

«....за то, что ты послушал голоса жены твоей и ел
от дерева, о котором Я заповедал тебе, сказав: не ешь
от него, проклята земля за тебя; со скорбью будешь

питаться от нее во все дни жизни твоей».

Пока человек не вкусил плодов с дерева познания добра и зла, он жил в полном изобилии в Эдемском саду и имел все от Бога. Но, ослушавшись Творца, вкусив запретных плодов, человек впал в грех. Так связь с Богом была потеряна, и с тех пор люди должны были трудом и потом зарабатывать то, что им нужно было для жизни. Так насколько же больше труда мы должны прилагать, насколько больше пота мы должны проливать, прося у Бога все то, что не может быть сделано человеческими усилиями?

Духовное значение молитвы при «затворенных дверях»

Кто-то скажет: «Но ведь Иисус повелел нам зайти в комнату, закрыть за собой дверь и молиться там втайне; так зачем же нужна громкая молитва? Разве Всемогущий Бог не слышит, когда мы молимся шепотом?». Вот этот стих: *«Ты же, когда молишься, войди в комнату твою и, затворив дверь твою, помолись Отцу твоему, Который втайне; и Отец твой, видящий тайное, воздаст тебе явно»*(Мф. 6:6). Но нигде в Библии мы не найдем Иисуса, молящегося в закрытой комнате. Согласно Марк. 1:35, Иисус никогда не молился в доме – рано утром Он вставал и уходил молиться в пустынное место. В Лк. 6:12 мы читаем, что Он молился на горе.

Даниил открывал окно и молился, обратив свое лицо к Иерусалиму (Дан. 6:10). Петр молился на крыше дома (Деян. 10:9), а апостол Павел молился в местах, отведенных для молитвы. Все выбирали особое место для молитвы, чтобы там молиться Богу от всего сердца, со всей душой, вопиять к

Нему. Молиться при затворенных дверях – значит молиться от всего сердца, значит, слова должны идти от самых сердечных глубин. Комната – это духовный символ человеческого сердца. Когда мы заходим во внутреннюю комнату и затворяем за собой дверь, это значит, что мы отрезаем себя от мира, от его разговоров и влияний. Точно так же, когда мы молимся, мы должны отсечь от себя всякие мысли, всякие мирские тревоги и переживания и молиться от всего сердца, полностью сосредоточившись на разговоре с Господом.

Бог знает наши слабости

В начале всем бывает тяжело молиться Богу вслух, громко. Но, прилежно молясь каждый день, мы получаем силу свыше, и мы молимся с легкостью, молимся, как должно. Получая полноту Святого Духа, мы получаем дар говорения на языках. Но, когда мы молимся про себя, велика опасность того, что нашим вниманием завладеют пустые мысли, в наш разговор с Богом вклинятся тревоги и суета мира. Нам приходится преодолевать мысли о супругах, о детях, о личных трудностях и финансовых сложностях. Мы быстро устаем, и нас тянет в сон. Но когда мы от всего сердца громко молимся, нет места пустым мыслям, сонливость и усталость не захватят нас врасплох. В своей молитвенной жизни мы будем одерживать победу за победой.

Бог знает наши слабости. Он повелел нам вопиять к Нему в молитве, чтобы мы оказались победителями. Поняв волю Бога, я стал кричать, молясь Ему. Когда у нас в церкви была всенощная служба, я так громко кричал, молясь Богу, и это не понравилось моему пастору – он испугался, что соседи начнут жаловаться. Когда пастор был на служении, я не мог при нем молиться так, как хотел. Поэтому всякий раз, когда у меня было на то время, я уходил для молитвы в «молитвенные горы». В глубине сердца мне было жаль, что пастор запрещает мне громко молиться – делай я это в церкви, и дьявол был бы изгнан посредством моей молитвы, огонь молитвы воспламенил бы и других членов нашей церкви, и церковь бы быстро росла числом! Поскольку я не был напористым человеком, я уходил в горы и там с воплем молился Богу с раннего утра до позднего вечера.

Бог принизил меня

Я стал работать строителем, чтобы иметь возможность соблюдать День Господень

За те несколько месяцев, что жена не жила дома, проценты по займам очень выросли, и я был в затруднительном материальном положении. Я пошел работать на стройку. Мне предложили не очень тяжелую работу, поскольку я все еще не окреп после семи лет болезни. Но я выбрал эту работу еще и потому, что хотел иметь возможность отдыхать в День Господень. Работать мне приходилось не каждый день - свободное время я посвящал молитве и посту и ходил на стройку только тогда, когда для меня была работа.

Долги росли, но я был совершенно уверен, что Бог благословит меня, только если мои поступки будут Ему угодны. Братья и сестры предлагали мне немного денег в качестве стартового капитала для создания собственного бизнеса, но я отказывался. Я хотел начать все с начала и пойти по верному пути. Хотя я вырос в деревне, но я был младшим ребенком, поэтому почти не привык к тяжелому физическому труду. Работа на стройке требовала много сил, иногда я просто плакал от усталости. Иногда у меня не выдерживали ноги, когда я поднимался на второй этаж с тяжелым грузом, и я, бывало, просто падал. Но я не оставлял стройку. Постепенно я научился выполнять любую работу. А кроме того, я полностью выздоровел.

Я занимался кладкой кирпичей, мешал бетон, перевозил груз на тележке. Когда зимой не было работы, я выполнял роль менеджера по доставке угля, работал в водоснабжающей компании. Чего я только не делал! Это было тяжело, но зато я узнал, каково приходится строителям. Я узнал, чем они интересуются и о чем думают. Всякий раз, когда у меня было время, я свидетельствовал им о Боге, рассказывал о том, что Он сделал для меня. Я проповедовал им Благую весть.

Летом 1975 года у нас родилась третья дочь. Мы назвали ее Суджин. Она была зачата в тот период, когда мы ощущали великие благословения Божьи при посещении служений возрождения. Когда она родилась, она, как и я когда-то, не плакала. Ее личико всегда светилось улыбкой. Я никогда не слышал, чтобы она плакала – лет до шести. Какое-то время мы с женой собирали в горах камни, которые использовались при строительстве. Суджин тогда было всего два месяца от роду, и присматривать за ней было некому. Мы ставили зонтик в углу стройплощадки и укладывали ее под ним. Один-единственный зонтик не мог защитить ее полностью от солнца, но она все равно никогда не плакала.

Однажды мы узнали, что дом, в котором мы жили, готовят

к сносу. Мне пришлось оставить свою работу.

Наш дом находился в горной деревушке на границе между Кюмхо Донгом и Оксу Донгом. Владелец дома сказал, что получил уведомление о грядущем сносе дома, и попросил нас съехать. Мне некуда было идти. Мы были уже готовы поставить палатку где-нибудь посреди улицы.

Пост и полное покаяние после жалоб на Бога

Моей жене удалось где-то раздобыть 50 000 вон на съем комнаты, и мы с женой отправились бродить по всему Булкванг Донгу в поисках дешевой квартирки, но все было бесполезно.

«Боже, как Ты мог не услышать мою молитву?! Неужели у Тебя нет для меня одной-единственной комнатки?».

Я возроптал на Бога. В тот самый момент я шел мимо конторы, занимающейся арендой жилья, и решил попытаться в последний раз.

- У нас только что появилась комната в аренду. Можете заселяться в любой момент, хоть завтра, - сказал нам служащий.
- Сколько это будет стоить?
- Вам я могу предложить ее за 50 000 вон.

Мы пошли посмотреть жилье. Там была хорошая комната и еще маленькая комнатенка, в которой мы бы могли открыть магазинчик. Комната была готова – мы могли заселиться в любой момент! Я вернулся домой, и молился, и плакал не переставая. «Господи! Почему мое сердце такое лживое?

Почему оно такое злое? Ты дал мне здоровье, Ты избавляешь меня от нищеты, а я все жалуюсь! Если бы не Ты, я сегодня спал бы на улице вместе со своей семьей! Я должен быть благодарен Тебе за то, что Ты исцелил меня, так почему же я недоволен?». Мое сердце разрывалось от раскаяния, что я смел жаловаться на Бога. Я начал трехдневный пост и дал себе слово не роптать на Бога ни в каких жизненных обстоятельствах.

Никаких компромиссов насчет Дня Господнего

Работать на стройку я пошел по трем причинам: чтобы соблюдать День Субботний, чтобы иметь время для молитвы и чтобы вновь набраться физических сил. Однажды, когда мы поселились в новой комнатке, мне позвонила одна из старших сестер. Она держала хороший ресторан, у нее было собственное здание. Она хотела, чтобы я стал управляющим в нем, и мою жену она тоже готова была принять на работу. Тогда мы смогли бы зарабатывать на жизнь без особых усилий, более того – мы бы узнали, что такое материальное благополучие!

- Послушай, я дам вам жилье, у вас будет хорошая зарплата. Почему бы тебе не заняться моим рестораном? Но два раза в месяц тебе придется работать по воскресеньям.

- Прости меня, - ответил ей я, - но по воскресеньям я должен быть в церкви, во что бы то ни стало. Спасибо тебе, сестренка, но я не могу принять твое предложение.

Моя мать, братья и сестры, узнав, что я отклонил это предложение из-за того, что мне надо было ходить в церковь, были мной недовольны! «Ведь можно было бы пожертвовать всего двумя воскресными днями!» - сетовала мать. Братья и сестры тоже не могли понять моего упрямства и качали головами, недоумевая: как можно было отвергнуть такую возможность – рассчитаться со всеми долгами и начать обеспеченную жизнь?!

Как мне жить по Слову Божьему?

Как мне обуздать свою греховную сущность?

Перед тем как читать Библию, я всегда мылся и одевался во все чистое. Я читал Писание стоя. Однажды, после служения, я внимательно читал Евангелие от Матфея. Во время чтения я то и дело встречал слова: «избегайте всякого зла...-», «отложите гнев», «не лги», «возлюби», «любите врагов» и так далее...

Я уже какое-то время жил христианской жизнью и решил проверить: насколько я соблюдаю Слово Божье? Когда я видел, что не делаю чего-то, к чему призывает Библия, я выписывал это в блокнот. Я потом молился, чтобы Бог дал мне сил выполнять то или иное Его повеление, и сам пытался делать то, к чему призывал Бог.

Я пытался быть послушным Его Слову от чистого сердца, и Бог давал мне благодать – быстро отказаться от всего того, от чего я должен был отказаться. «Любящих меня я люблю, и ищущие меня найдут меня» (Притч. 8:17). «Если любите Меня, соблюдите Мои заповеди» (Ин. 14:15).

«Ибо это есть любовь к Богу, чтобы мы соблюдали заповеди Его; и заповеди Его нетяжки» (1 Ин. 5:3).

Позже, когда я уже стал пастором, я понял вот что: все грехи можно условно разделить на две категории. Первая – это дела плоти, т.е. то, что мы совершаем на деле; вторая – это плотские помыслы, т.е. грехи, которые мы совершаем в уме. Плотские помыслы могут легко превратиться в дела плоти.

Попытки совлечь с себя всякое зло

Когда я болел и был прикован к постели, я иногда, чтобы убить время, играл с соседями в корейские карточные игры. Даже после того, как я принял Господа, я, не зная Слова Божьего, не понимал, что азартные игры – это грех. До того как я стал верующим, я почти всегда выигрывал; но, став христианином, я стал всегда проигрывать, как бы ни старался. Я понял, что Богу это не угодно, и решил отказаться от карточных игр. Но однажды я не удержался и снова сел за карты, поставив на кон все деньги, которые заработал за 15 дней. Я играл всю ночь, и наутро остался без копейки: я проиграл все, что у меня было. На следующее утро я хотел отыграться, чтобы вернуть себе хотя бы свою начальную ставку. Когда я играл, я вдруг услышал знакомый голос: это пастор пришел проведать семью владельца дома. Я услышал его голос, но спокойно продолжал игру. В конце концов я проиграл все. Слова гимна, который пела семья владельца дома, пронзили мое сердце. Пастор ушел, сказав проповедь. «Раз пастор пришел, мне надо было пойти послушать его вместе с семьей хозяина. Как я теперь пойду в церковь с такой больной совестью?». Меня терзали муки совести. Служения удручали меня, и я не мог молиться. Раньше я был счастлив, даже когда работал на стройке, а теперь из моих уст не выходило ни одного слова хвалы Богу. В сердце была только тоска. Прошло две недели, а я продолжал мучиться.

Как-то ночью я открыл окно и выглянул на улицу. Я увидел район Туксум и берег реки Хан. На поверхности воды отражались какие-то электрические огни, похожие на красные кресты. «Что случилось?» - у меня было какое-то странное чувство; я посмотрел вновь, и красные кресты выстроились в одну линию. - «С чего это вдруг огни стали похожи на кресты? Такого никогда раньше не было!». Бог явил мне свою благодать: я вспомнил, как пастор пришел в этот дом, а я, вместо того чтобы принять его, думал только о потерянных деньгах. А потом я пропустил домашнее служение... Я каялся в слезах: «Господь! Я больше никогда в жизни не прикоснусь к картам». После покаяния Бог дал мне полноту Святого Духа, которую я прежде потерял. Когда разрушилась стена греха, которая стояла между мной и Богом, у меня словно крылья выросли. То были две страшные недели, но я понял, как опасно устремлять взоры в мир. Я раз и навсегда распрощался с азартными играми.

Молитва о силе отвергнуть грехи, совершаемые в мыслях

Дела плоти - те, что совершаются на деле, легко отринуть, если иметь в достаточной степени решимость. Мы можем перестать делать то, что Библия запрещает нам, и делать то, что Слово Божье велит нам делать. Но две вещи представляли для меня огромную сложность. Это были ненависть и мысли о прелюбодеянии. Эти чувства проникали в мой разум помимо моей воли, я ничего не мог поделать, и меня это тревожило.

В моей жизни было много людей, которым я хотел отомстить за то или иное. Мои братья, которые отказались дать мне деньги в долг на аренду жилья, когда я был прикован к постели; моя теща, которая пренебрежительно называла меня «зять-инвалид»; родственники жены, которые презирали меня за то, что я не мог зарабатывать на жизнь. Я ненавидел их всех лютой ненавистью. Я думал лишь об одном: «Вот я выздоровею, заработаю кучу денег, и тогда посмотрим, кто есть кто!».

У меня было так много ненависти и неприязни к родственникам моей жены, что любить врагов для меня было чем-то невероятно сложным. Еще одно, что терзало меня, были грязные мысли. Иисус говорил, что если мы посмотрели на женщину с вожделением, мы уже совершили грех прелюбодеяния в своем сердце (Мф. 5:28). Я не изменял жене на деле, но все внутри меня вспыхивало, когда я разглядывал фотографии симпатичных актрис.

Когда греховная сущность внутри нас поднимает голову, когда мы рассматриваем картинки, смотрим фильмы, посещаем сайты с определенным содержанием или просто смотрим на женщин, идущих по улице, – не есть ли это прелюбодеяние в очах Божьих? Я был уверен, что могу повиноваться всем библейским заповедям, но с этими двумя чувствами я ничего не мог поделать.

Однажды на служении проповедник сказал, что мы можем получить ответы на все, если будем просить с верою. Я верил, что нет ничего невозможного там, где есть вера, и я начал поститься и молить Бога, чтобы Он удалил греховные помыслы из моего сердца: «Боже, пусть не будет во мне греховных желаний и чувств к женщинам, на какую бы я ни посмотрел».

До того как я принял Господа, у меня в доме висели фотографии или календари с изображениями актрис. Но после того как я познал Бога, я больше не держал дома таких картинок. Я постился и молился до того момента, что Бог полностью удалил из моего сердца всякий блуд. Я хотел славить Бога и получать Его благословения. Я хотел стать во главе церкви и помогать нуждающимся из тех средств, которыми благословит меня Бог. Я хотел поддерживать миссионеров, я хотел, чтобы Богу была слава за все, что Он даст мне. Когда я переехал на новую квартиру, где была маленькая комнатка под магазин, я открыл небольшой магазинчик комиксов. Моя жена ходила и продавала косметику, а я один занимался магазином. Мои братья видели мое бедственное положение и предлагали свою помощь, чтобы я мог заняться чем-то еще, но я отказывался. «Когда Бог очистит меня, он даст мне все благословения». Если бы я принял помощь от своих братьев, как бы я потом, в будущем, сказал им, что это Бог дал мне все? Я должен был отказаться от их помощи и жить согласно воле Божьей. Мои братья наверняка сказали бы что-то вроде:

- Какие там благословения от Бога?! Это мы помогли тебе, когда тебе нечего было есть, это благодаря нам ты выжил!

Три года на то, чтобы отринуть мысли о блуде

Комиксы можно было продавать без больших начальных

вложений. Чтобы иметь возможность переехать в здание побольше, я молился в посте три дня. Когда пост прошел, я отправился смотреть здание магазина недалеко от театра в Кюмхо Донге. Мне понравилось здание, и я подписал контракт. Я открыл новый магазин; вокруг было много баров, и женщины, работавшие в них, стали моими постоянными клиентками.

Одна дама всегда, когда заходила в магазин, садилась рядом со мной. Я всякий раз вставал и уходил. Я избегал женщин, которые вели себя вызывающе. Реагировали они по-разному, а мое сердце больше не трепетало при виде женщин.

«Ты на меня не смотришь, потому что я работаю в баре?».

«Ты что, каменный? У тебя совсем нет никаких чувств?».

«Заходи как-нибудь ко мне в бар, я угощу тебя бесплатной выпивкой».

Было много искушений, но я ни разу не поддался ни одному. Я отвергал всякие возможности, и это стало моей силой. Позже я увидел, что прелюбодейные мысли просто оставили мой разум. Я молился, и Бог ответил мне: я сумел преодолеть все искушения, а мысли о грехе Он просто выкорчевал из моего сердца. Я молился об этом в течение трех лет, и в конце концов получил ответ на свои молитвы.

Мое единственное желание

Библия всегда дает только один ответ

Моим искренним желанием было понять все, о чем повествуется в Библии, и жить в полной мере так, как призывает Слово Божье. Всякий раз, когда я слышал, что где-то проводится служение возрождения, я шел туда, чтобы обрести благодать от Бога.

Я прилежно посещал служения, потому что было много стихов в Библии, непонятных мне. Во время проповеди я чувствовал себя счастливым – мне открывалась Библия! Я также посещал молитвенные служения, которые регулярно проводились в так называемых «молитвенных центрах».

Я часто обращался с вопросами к пастору, прося его разъяснить мне тот или иной стих из Библии. Но даже он не всегда мог дать ясные ответы. Как-то я спросил его:

- Пастор, какая книга может мне помочь быстро и полностью понять волю Божью?

- Брат Ли, если ты так сильно хочешь понять Библию, читай ее толкование.

Я был рад это услышать. Хотя я был весь в долгах и не позволял себе потратить ни одной лишней монетки, но мне все же как-то удалось накопить необходимую сумму, чтобы купить книгу с библейскими комментариями. Я читал эту книгу с молитвой, уходя в горы, но все еще не мог всего понять. Я все еще не мог понять всех глубин, и это огорчало меня. Библейские комментарии, вместо того чтобы открывать истину Слова Божьего, рассматривали некоторые истории как мифы. Кроме того, все эти различные толкования только уводили от истинной веры. Потом я прочел еще одну книгу с комментариями, но каждый автор толковал один и тот же стих по-своему. В Библии может быть только один смысл, а все эти комментарии только еще больше сбивали меня с толку.

Господь, пожалуйста, объясни мне Свое Слово!

1976 год – это было время, когда я особенно сильно хотел понять волю Божью, отраженную в Библии. Я услышал удивительную вещь от одного верующего, возвращавшегося со служения в церкви в Тэгу. Он сказал, что один пастор постился дважды в течение 40 дней, и ему явился ангел, а потом три года объяснял ему Библию. В тот самый момент что-то зажглось внутри меня, как будто огонь ниспал на меня. Наверное, это звучало как абсолютная чепуха: «ангел, толкующий Библию», - но я поверил. Я решил верить и молиться. С тех пор я молился Богу непрестанно.

«Боже, я верю в истинность всех 66 книг Библии. Библия – Это Слово Твое, написанное под водительством Духа Святого;

дай и мне Твое водительство, объясни мне все 66 книг Писания. Пошли мне объяснения через ангела, или Сам явись мне, Господи, и научи меня».

Если есть что-то в Библии, чего я не могу понять, значит, я не могу в полной мере понять, в чем заключается воля Бога. Только поняв всю Библию, я смогу жить по воле Божьей. Только поняв Слово Божье, и поняв правильно, мы сможем следовать ему.

Я горячо желал понять значение Слова Божьего, а потому прилежно молился. Бог побуждал меня молиться горячо и старательно, он давал мне сердечное желание поститься. Когда у меня не было работы на стройке, я шел в горы и молился там. Я много лет просил Бога открыть мне Библию.

Нежные руки Бога

Через пару месяцев я научился управляться с магазином, а с той верой, что у меня была, мне казалось, что и горы мне по плечу. У меня не было много денег, но зато у меня была вера, и я решил расширять свой бизнес. «Боже, дай мне возможность переехать в здание побольше!».

На третий день после того, как я стал об этом молиться, ко мне пришел один человек и спросил, не хочу ли я продать ему свой магазин. У него самого был магазин побольше. Я продал ему магазин за 150 000 вон (примерно 150 долларов), и, если не считать расходов на мебель в 50 000 вон, я получил 100 000 вон прибыли. Мы с женой три дня держали пост, а потом пошли в магазин, который находился неподалеку. Его сдавали в аренду за 500 000 вон, включая первоначальный взнос. Я заключил контракт на те 100 000, что у меня уже были. Оставалось заплатить еще 400 000. Это была для меня огромная сумма. Тогда я вспомнил про двух знакомых членов церкви и попросил жену занять денег у них. Но они сразу же отказались. Жена заняла 150 000 вон у соседей, но еще 250 000 не хватало. Нам пришлось занять эту сумму под проценты.

Члены церкви не должны давать друг другу деньги. Позже я понял смысл Слова Божьего и понял, почему Бог не позволил мне занять деньги у моих братьев по вере. Это воля Бога, чтобы мы не давали и не брали взаймы деньги друг у друга. Даже кровные братья становятся лютыми врагами – и все из-за денег! Начни мы занимать деньги в церкви, и дьявол сделает свое дело. Став служителем, я стал учить этому своих братьев и сестер. Но я часто видел, как члены церкви пренебрегали моими советами: они давали друг другу взаймы, и сразу начинались неприятности и беды. Между нами, братьями и сестрами, не может быть иных долгов, кроме долга взаимной любви.

С доходов, которые давал магазин, можно было отдать проценты по займу, но не сам долг. В округе было много книжных магазинов, которые работали с большим размахом, как крупные компании. Я рассказал Богу в молитве о своей мечте – иметь большой магазин.

На пути к материальному благополучию – под водительством Бога

На рынке в Кюмхо Донге был большой магазин. Все знали, что он дает выручку больше, чем все другие торговые точки в нашем районе. Магазин сдавали в аренду, но только первоначальный взнос составлял миллион вон (около 1000 долларов), а еще сама арендная плата! В те годы средний дневной заработок составлял около 1500 вон, то есть примерно 1,5 доллара, так что это была огромная сумма! Владелец сказал, что сможет снизить цену до 950 000 вон, но не более того. Позже я узнал, что прошло двадцать дней после моего визита, но никто больше не приходил к нему ни с одним предложением. Кто-то подсказал мне, что можно выкупить этот магазин, потому что владелец хочет избавиться от него побыстрее по каким-то личным соображениям. У меня было всего 500 000 вон. С такой суммой не стоило и думать заключать сделки. Я молился всю ночь, а наутро пошел к нему с моим деловым предложением. Я просил его отдать мне магазин за 500 000, потому что у меня больше не было. Он подумал какое-то время, а потом заговорил о сумме в 550 000.

В конце концов мы подписали контракт на 500 000. Я согласился выплачивать залог вместе с арендной платой. Итак, мы переехали в магазин на рынке в Кюмхо Донге. Как только мы открылись, множество людей просили меня уступить им магазин за 1 200 000. Кто-то предложил 1 300 000. Когда я услышал эту сумму, я решил поговорить с женой: за эти деньги мы могли купить дом! Но мы решили, что будет неправильно отдать кому-то то, что Бог только что нам дал по Своей воле.

Итак, мы решили, что из тех денег, которые принесет магазин, мы будем выплачивать долги. В июле 1977 года мы открыли магазин, бизнес начался. Мы всегда закрывались по воскресеньям и не пускали в магазин молодежь с алкоголем или сигаретой в руках. Члены моей семьи привыкли дома петь Богу хвалебные гимны, а потому и в магазине люди всегда слышали песни хвалы Господу. У нас было гораздо больше клиентов, чем у предыдущего владельца.

Итак, днем мы занимались магазином, а ночь посвящали молитве. Так и жили.

Учась узнавать голос Духа Святого

В Доме молитвы «Осанри»

Как лань стремится к водным потокам, так я жаждал глубже понять Слово Божье. В 1977 году я был на служении в Молитвенном доме «Осанри». Там я во второй раз в жизни услышал голос Бога. Я слушал проповедь пастора, который говорил: «Раз Бог дал нам достаточно мудрости для изготовления лекарств, воля Божья в том, чтобы мы ходили в больницу и принимали лекарства». Я не мог принять это тогда со словом: «Аминь»… Это было трудно для меня – я слишком хорошо знал на собственном опыте о Всемогущем Боге, для Которого нет ничего невозможного. После собрания я пошел в молитвенную комнату и искренне, с криком, молился Господу, спрашивая Его: «Боже, есть ли твоя воля в том, чтобы мы пили лекарства?».

Я не знаю, сколько времени прошло. Вдруг я услышал

голос Господа: «*Посмотри в Библию – 2 Паралипоменон, 16 глава*». Я открыл Библию и прочел историю об израильском царе Асе. В первые годы своего царствования он полагался только на Бога. Так он одержал победу во всех сражениях, которые выпали на его долю, и наступил период мира. Но на закате своей власти он не стал полагаться на Бога, а обратился к армиям союзников. Тогда он проиграл все битвы, а пророка, который указывал на его промахи, Аса посадил в темницу. Потом у него заболели ноги. Его страдания были ужасны, но, даже страдая, Аса не искал Господа: он обратился за помощью к врачам и умер спустя 2 года. Посредством этой главы Бог показал мне, что Его дети должны полагаться только на Него, а не доверять миру.

Учиться слышать голос Духа Святого

Нужно отличать голос Бога от голоса Духа Святого. В моем случае голос Бога звучал только в особых обстоятельствах. Я слышал его всего несколько раз в жизни. Голос Духа Святого слышен все более ясно, начиная с момента, когда мы принимаем Иисуса Христа, получаем Духа Святого, продолжаем прилежно молиться, чтобы свергнуть с себя всякий грех, всякое зло, всякие плотские помыслы.

С тех пор, как я стал новообращенным христианином, я стал слышать голос Духа Святого. Однажды во время служения в церкви Бог научил меня слушать этот голос. Это было утреннее воскресное служение. Я внимательно слушал проповедника, и в моем сердце появилось сильное желание – отдать одному пастору 30 000 вон. И я сказал: «Боже, я найду 30 000 вон и отдам их пастору!».

Я принял это решение во время служения. Но, когда собрание закончилось и я вышел за церковные ворота, другие мысли овладели моим разумом. На самом деле 30 000 – это были для меня большие деньги! И я подумал: «Если бы они у меня были, я бы, конечно, их отдал! Но где я их возьму? Семья пастора живет получше моей. Наверное, у меня были просто пустые мысли». Так мне казалось…

На следующий день теща того самого пастора (сама она была старшей дьякониссей церкви) пришла ко мне в магазин на рынке в Кюмхо Донге. Она сказала:

- Моя дочь рожала этой ночью. Когда ее отвезли в больницу, нам срочно потребовалось 30 000 вон. Чего я только не делала, чтобы раздобыть эти деньги. Я с трудом нашла нужную сумму и отправилась в роддом. У нее были очень тяжелые роды.

Я был шокирован ее словами.

- Вы знаете, - сказал я, - во время служения Святой Дух коснулся моего сердца, но я не послушал Его голоса. Я подумал, что это все мои выдумки, и забыл об этом. Так вот в чем было дело!

Я покаялся перед Богом и дал себе слово в следующий раз повиноваться. Я подумал: «Я слышал голос Духа, но не послушал его, и вот к чему это привело». Повинуйся я голосу Святого Духа, и я легко нашел бы деньги (наверняка Бог уже тогда приготовил их), и семье пастора не пришлось бы мучиться всю ночь из-за них. А Бог бы обильно благословил меня за послушание. Я сожалел, что ослушался Бога и прислушался к своим собственным мыслям. Потом были и другие уроки, подобные этому, и я научился отличать голос Духа от голоса своего разума.

Важность послушания

Был еще один случай, который показал мне, как важно — слушать Бога. Я прилежно нес служение в церкви. Однажды пастор позвонил мне и сказал:

— Нам не хватает учителей воскресных школ. Не хочешь ли ты заняться этим?

Я ответил отказом:

— Пастор, мне очень жаль. Я не уверен, что смогу это делать. Я и сам не ходил в воскресную школу. Лучше уж я сначала наберусь опыта!

Я знал, что нужно послушаться пастора, но чувствовал себя настолько неподготовленным, что отверг его предложение. Я не знал, что такая мелочь сможет воздвигнуть такую высокую стену греха между мною и Богом. Я горячо молился: «Боже, дай мне дар говорения на языках».

Когда я слышал, как другие верующие молились на иных языках, я завидовал им. Я продолжал молиться, прося Бога дать и мне этот дар, но не мог его получить. Однажды я услыхал, что легко смогу получить этот дар, если отправлюсь на гору молитвы «Хан Оль Сан». Я пошел туда и посетил служение, но дара так и не было. Пастор Чун Сук Ли пошутил во время проповеди: «Даже моя собака говорит на ином языке, так что тот, кто не получил дара говорения на иных языках, хуже моей собаки». После того как служение закончилось, я почувствовал, что, действительно, хуже собаки. Я не пошел на завтрак и стал бродить по долине. Я прислонился к дереву и стал молиться, прося Бога дать мне этот дар. Вдруг словно молния озарила мою память. Хоть я и не был уверен, я должен был сказать «да» пастору, когда тот уговаривал меня стать учителем воскресной школы! Если бы я повиновался Богу, Он бы помог мне! Но я ослушался Его.

«Боже, прости меня за то, что я не послушал своего пастора. Я не буду больше так поступать».

Как только я понял это, я начал искренне каяться в этом грехе. И вдруг я заговорил на ином языке. Это было то, о чем я так долго мечтал! «Боже, благодарю Тебя!». Я наконец понял, что послушание лучше жертвы, и, повинуясь Богу, мы угождаем Ему. Пройдя этот опыт, я дал слово выполнять волю Божью в любых обстоятельствах, не задумываясь о ситуации. Но я, хотя на собственном опыте и познал, как важно повиновение Господу, кое в чем все же не мог повиноваться Ему…

Глава 4

Призыв Божий

Боже, как Ты мог избрать такого человека, как я?

Как-то в мае 1978 года, во время молитвы, я услышал голос Божий, который звучал подобно раскату грома:

«Слуга Мой, которого Я избрал прежде создания мира, Я испытывал тебя в течение трех лет; следующие три года ты будешь готовить себя посредством Слова Моего. Я подниму тебя и использую для воплощения Моих замыслов. Ты покоришь горные вершины, перейдешь реки и пересечешь океаны, и, куда бы ты ни шел, Я буду повсюду с тобою. Знамениями и чудесами ты будешь свидетельствовать миру, что Я - Живой Бог».

Голос продолжал ясно и могущественно:

«Я избрал тебя прежде создания мира. Я наблюдал за тобою моими очами, которые подобны всполохам пламени, с момента твоего зарождения в утробе

матери и до сего дня. Пусть твоя жена ведет дальше твой бизнес; ты же должен пойти по тому пути, который Я предначертал тебе. И доходы твои станут только больше, чем если бы вы работали вместе. Ты никогда не будешь испытывать недостатка в деньгах и не будешь голодать. Более того, у тебя будет всего в изобилии, и ты сможешь помогать нуждающимся. Сейчас ты скромный, ничего не значащий человек. Как Я вел тебя до сего места, Я поведу тебя и дальше. Теперь ты поймешь, почему ты столь незначителен. Моя сила возвысит тебя и поставит вровень с самыми великими.

Ты возлюбил Меня больше, чем своих родителей, детей и жену. Ты возлюбил Меня Одного. За это Я отдам тебе во сто крат больше, воздам тебе «мерою доброю, утрясенною, нагнетенною и переполненною».

Я слушал эти слова, исполненный Духа, и ответил на них: «Аминь». Потом, когда я вновь думал об этом, я понимал, что это было действительно что-то изумительное. Я всегда мечтал стать государственным деятелем, чтобы помогать тем, кто, как и я когда-то, страдают под бременем болезней и нищеты. Что же получается? Все это время я молился не о том, что угодно Богу? У меня было много долгов, мне все еще тяжело было сводить концы с концами. Да и память у меня была совсем слабая. Как я смогу изучать богословие в семинарии? Что будет с моей семьей? Беспокойство и тревога не оставляли меня. Я не мог повиноваться всему тому, что услышал; но то были слова, сказанные слишком властно, чтобы их ослушаться! Все, что я мог сказать, было: «Если это Твоя воля, Господи, дай мне услышать Твой голос еще раз!».

Я поговорил с женой и вскоре переложил на нее все заботы по содержанию нашего магазина. «Мог ли я ошибиться и перепутать голос Бога с чьим-то другим голосом? Может ли что-то пойти не так?». Я начал сомневаться: Бог ли говорил со мною? Я снова начал молиться: «Боже, я молился о том, чтобы мне стать государственным деятелем, а теперь Ты хочешь, чтобы я служил Тебе? Я такой замкнутый человек – да разве я смогу проповедовать людям? Я уже в возрасте. У меня слабая память, я не выдержу ни одного экзамена». Но раз Бог хотел, чтобы, несмотря на все это, я служил Ему, я попросил Его: «Дай мне еще раз услышать Твой голос!».

Я ходил на молитвенные служения, чтобы вновь услышать слова Бога. Я молился целую неделю, но ответа не было. Я обратился к служителям, о которых говорили, что у них есть дар пророчества, но у них не было для меня никаких пророчеств. Я ходил с одного служения на другое, я терзал свое сердце, пытаясь понять, действительно ли Бог хотел, чтобы я стал служителем, а именно - пастором. Прошло три месяца, я почти сдался и в отчаянии вернулся домой. В субботу ко мне в магазин пришел мой пастор. Подходила моя очередь произносить молитву во время служения, но я не был уверен в себе. Я прямо сказал ему:

- Пастор, я не получил ответа на свою многомесячную молитву. Я не смогу молиться во время воскресного служения.

Но он только ответил:

- Дьякон, хоть как, но ты должен!

Голос Божий

Пастор сказал, что я должен произнести общую молитву на ближайшем служении, но в сердце я не ответил словом «аминь». Закончив дела в магазине, мы закрыли его и пошли домой. Шел сильный дождь, и мы с женой решили помолиться дома и не ходить на служение. В полночь мы постелили на пол коврик, преклонили колени и начали славить Бога. Я молился с закрытыми глазами, но вдруг меня озарило видение: потолок как будто раздвинулся, и свет полился с неба.

Я увидел, как крыши надо мною не стало. А потом, как Иоанн в Книге Откровения, я услышал торжественный голос, похожий на шум многих вод, но вместе с тем ясный и спокойный: «Молись на служении завтра!». Это и был ответ, но голос отличался от того, прежнего. На это раз он был теплым, мягким, властным, ему нельзя было не повиноваться. И вместе с тем этот голос был полон любви и благой милости.

Я все еще помню очень ясно тот голос, но описать его человеческим языком невозможно. Я услышал его, и все мое отчаяние растаяло, как снег. Все плотские побуждения исчезли, и я исполнился Духа Святого. Мне казалось, что мое тело как будто было из пуха, казалось, что я могу летать. Мне казалось, что, захоти я того, и я пролечу сквозь крышу. Радость, благодарность, счастье переполняли мое сердце. В тот момент я подумал: вот как будет выглядеть Восхищение Церкви, когда Господь вернется за нами в славе! Когда я открыл глаза, свет исчез и потолок был на своем месте.

Жена, которая стояла на коленях рядом со мной, не слышала никакого голоса, но она тоже исполнилась Духа Святого, и она знала, что я слышал голос Божий и видел ослепительный свет. Мы славили Бога всю ночь и воздавали ему хвалу.

Исполненный Духа Святого

Рано утром, на следующий день, я пошел в церковь и

прочитал повестку собрания. Я все еще должен был открывать служение молитвой. После того что случилось ночью, мне все еще казалось, что я лечу даже тогда, когда я сидел. Как изумительно было это ощущение! С того момента, как я, взяв микрофон, стал молиться, это уже не мои уста произносили молитву. Находящийся под вдохновением Святого Духа, я даже дрожал во время молитвы. То было ясное вдохновение, слова молитвы лились в мой разум как поток, и я не мог бы их остановить, даже если бы захотел.

Для меня самого было неожиданно слышать из своих уст слова упрека, адресованного членам церкви: «Горе вам, крадущим у Бога десятины! Вы жестоковыйные люди, которые не хотят благодарить Бога! Вы говорите о своей вере, но она тщетна».

Я не мог себя контролировать и молился больше 10 минут. Раньше, когда кто-то, открывая служение, молился больше 3 минут, члены церкви выражали свое недовольство, говоря, что это очень долго. После молитвы я вернулся на свое место и не мог посмотреть в глаза своему пастору. Я не знал, как быть. Я только думал: «Что будет теперь? Как посмел дьякон упрекать всю церковь?».

Но сразу же после служения пастор подошел ко мне и сказал:
- Меня тронула твоя молитва.
Он обычно не делал подобных комментариев; мне все еще было неловко, я хотел быстро и незаметно выскользнуть из церкви, но многие люди подходили ко мне и говорили: «Дьякон, вы воистину были исполнены Духа Святого. Меня затронула ваша молитва».

С послушанием

Я наконец обрел уверенность в том, что Бог действительно призвал меня стать Его служителем. Я признался Ему: «Боже, раз Ты призвал меня служить Тебе, я пойду этим путем. Но Ты позаботься обо всем, что меня тревожит, – о семинарии, моей памяти и обо всем другом».

В возрасте 36 лет я убедился в том, что Бог призывает меня служить Ему; я снял комнату и стал жить в одиночестве, в пяти минутах ходьбы от дома. Я постился и прилежно читал Библию, прося Бога дать мне сильную и хорошую память. Я хотел распять свою плоть со всеми ее похотями и греховными желаниями. Я решил, как Его раб, следовать только Его воле. Было нелегко отказаться от общения со своими домашними, но Дух Святой вел меня и поддерживал. Посоветовавшись со своим пастором церкви Оксу Донга, я решил поступить в семинарию «Сунг-Кюл» («Святость») и начал готовиться к вступительным экзаменам.

Наконец настал день, и я пошел на экзамен. Я письменно ответил на вопросы по Библии. На другие вопросы я не захотел давать туманные ответы, поэтому просто подписал лист и сдал его пустым. Во время собеседования декан семинарии спросил меня, почему я не ответил на вопросы, не имевшие отношения к содержанию Библии. Я рассказал ему, как потерял память.

- Раз у вас нет памяти, как Вы собираетесь стать пастором?

Я ответил:

- Бог побудил меня пойти этим путем.

- Ну что ж, вы заработали 100 баллов за ответы по Библии! - поздравил он меня.

Я был единственным абитуриентом, который получил 100 баллов. Я прошел экзамен, и меня допустили к учебе. Так, несмотря на все мои переживания и опасения, я смог стать студентом семинарии.

Что посеешь, то и пожнешь

Жизнь семинариста

Жизнь служителя Бога должна отличаться от жизни других. Но мои товарищи по семинарии шли вослед миру. После занятий они собирались в кофейнях, чтобы поболтать о мирских вещах. На каникулах, вместо того чтобы молиться и читать Библию, они рассуждали о том, как можно развлечься. Я всегда советовал им не терять время попусту, а сосредоточиться на молитве, но никому не было дела до моих советов. На самом деле я был одинок и держался особняком от моих однокурсников.

В 1979 году я поступил в семинарию в возрасте 37 лет, и, начиная с первого курса, я молил Бога открыть мне, как должна называться церковь, которую я открою.

Собирать сокровища на небесах – воля Бога

Я верил, что Бог даст мне пожать то, что я посею, что Он вознаградит меня за все мои дела, а потому я всегда старался собирать свои сокровища на небесах, рассчитывать на награду, которая достанется мне в Небесном Царстве. Когда у меня не было денег, чтобы пожертвовать Богу то, что я обещал, я брал взаймы, лишь бы отдать Богу обещанное.

Когда я приходил к Богу, я никогда не приходил с пустыми руками. Когда я работал, я всегда отдавал десятину и более того. Часто я жертвовал и две и три десятины из моих заработков. Я никогда не почитал тщетою жертвовать Богу. Я всегда жертвовал Ему радостно и с легким сердцем.

Однажды к нам в гости пришел пастор. Он не знал о нашем затруднительном материальном положении, о том, что у нас столько долгов. Он сказал, что церкви нужны деньги на строительство, и спросил, не смогу ли я пожертвовать большую сумму денег, больше, чем обычно. Мы согласились, ответив: «Да, аминь, мы сделаем это». Несмотря на долги, мы пожертвовали ту сумму, которую обещали, – для этого нам пришлось взять еще один заем. Так мы собирали свои сокровища на небесах. И когда пришло время, Бог отверз источники благословений.

Следовать воле Божьей даже в мелочах

Был один человек, который регулярно поставлял книги для моего магазина, и он просто терял дар речи, когда видел, что мы закрываемся на воскресенье. Он сказал: «Да ты так разоришься!». Это был небольшой бизнес, но Бог благословлял нас за то, что мы чтили День Господень, за то, что жертвуем на Его дело, отдаем десятину.

В магазине всегда было полно людей – с утра до позднего

вечера. К нам люди приходили, чтобы узнать последние новости. То, что мы не работаем по воскресеньям, вызывало их любопытство и недоумение. У нас не продавалось никаких изданий для взрослых, мы категорически запрещали курить у нас в магазине, так что в магазине была хорошая, здоровая атмосфера. Нам часто задавали вопрос:

- В чем секрет успеха вашего магазина?

- Это Бог благословляет нас за то, что мы по воскресеньям не работаем, а посещаем церковь, – так мы отвечали всем, кто задавал нам этот вопрос, но неверующим было тяжело понять нас. Работая в магазине, мы рассказывали о Господе своим клиентам. Когда я открыл церковь, именно они стали первыми членами нашей молодежной миссии.

Через несколько месяцев, после открытия магазина, мы смогли рассчитаться со всеми долгами, а это была отнюдь не малая сумма. Это произошло потому, что я поступил в семинарию. Мы отдали все долги и отныне могли беспрепятственно жертвовать деньги в ту церковь, которую посещали. Мы старались помогать семьям, которые нуждались в поддержке. Когда мы всей семинарией выезжали на пикники, я всегда брал с собой еду и на преподавателя, и на своих сокурсников. По воскресеньям мы приносили угощенье для певцов церковного хора. Мы тайно помогали семинаристам, которые нуждались в материальной поддержке. Мы сами снимали жилье, но во время праздников моя жена «брала под опеку» весь город. Она отыскивала семьи, у которых не было средств приготовить праздничный ужин, и относила им рисовый пирог и другую еду, даже если это были неверующие. И мы делали это не потому, что были богаче других. Мы делали это по вере. Бог давал нам пожинать посеянное, и на следующий день мы получали больший доход, чем в обычные дни, когда мы не жертвовали для Господа.

Бог пробудил меня во время двухсотдневных всенощных служений

После того как я принял Господа, я никогда не шел на компромиссы с миром, ни при каких обстоятельствах. Я старался следовать закону Божьему в той мере, насколько я понимал Слово Божье. В течение четырех лет обучения в семинарии я часто постился и проводил ночи в молитве. Во время каникул я собирал рюкзак и шел в горы молиться. Большую часть времени на каникулах я проводил в молитвенных домах в горах. В другое время я часто проводил в молитве всю ночь. Я молился с полуночи до четырех часов утра и никогда не нарушал обета о молитве, не опаздывал ни на минуту.

После молитвы я возвращался в свою комнату где-то в 5 часов утра и ложился спать. Но в 7 часов уже нужно было вставать. Моя дочь Миёнг (школьница в то время) в 7.20 приносила мне завтрак. После этого я брал с собой кое-какую еду и шел на занятия. После занятий я возвращался домой, делал домашнее задание и иногда выполнял кое-какую работу в магазине. Работы было много. Живя в таком напряженном ритме, я очень уставал. Я ложился в пять и вставал в семь, и это было тяжело. И Бог стал будить меня ровно в семь.

«Папа!» - я услышал, как дочь зовет меня завтракать. -Это ты, Миёнг? - я точно слышал ее голос. Я выглянул за дверь, но там никого не было. Я искал ее, но

ее нигде не было! Я умылся, прошло 20 минут, и она наконец пришла. На следующий день все повторилось. В семь утра я снова услышал: «Папа!». Я опять выглянул за дверь, но там никого не было. Я понял, что ангел от Бога будил меня.

Но постепенно я стал менее чувствителен к этому «будильнику». Даже когда дочка будила меня: «Папа!», я иногда не просыпался. Тогда Бог использовал другой метод. Мне слышались шаги целой толпы людей прямо за дверью, но, когда я открывал ее, там не было ни души. Ровно в 7.00...

Когда я находился в стодневной всенощной молитве, на 90-й день я узнал, что мой тесть ушел из этого мира. Мы с женой поехали в дом ее родителей в Мокпо. Там мы вместе молились с полуночи до четырех часов утра. После того как похороны прошли, мы вернулись домой и продолжали молиться даже днем, но я не был удовлетворен этим. Я чувствовал, что не угождаю Богу. Тогда я решил посвятить молитве еще сто ночей и выполнил этот обет. Так получилось, что 200 ночей я посвятил молитвам Господу.

«Спустите эти деньги в унитаз!»

Моя семья всегда твердо знала, что я не приемлю ничего, что противоречит Слову Божьему. Однажды в воскресенье моя жена и три дочери захотели купить чего-нибудь поесть после воскресного служения. Моя жена сказала:

- Дети хотят перекусить. Давай купим им что-нибудь поесть!

- Дети, - спросил я, - вы действительно голодны?

- Да! - ответили все горячо.

Мои дочери подумали, что я сделаю ради них исключение, хотя они прекрасно знали, что было воскресенье. Я попросил их принести мне деньги из комода. Когда они принесли деньги, я им сказал:

- А теперь все вместе пойдите в туалет и спустите деньги в

унитаз!

Так они и поступили – пара сотен вон оказались выброшены (сегодня это составило бы две тысячи вон, или пару долларов). Они вернулись.

- Вы знаете, почему я велел вам это сделать?

Они кивнули:

- Да, папа.

Я продолжал:

- Воскресенье – это День Господень, День Субботний, а Бог запретил покупать и продавать в этот день. Неужели вы нарушите Его заповедь? Если вы не в состоянии преодолеть простое искушение едой, это будет повторяться снова и снова. Богу это не угодно. Вы уже нарушили заповедь о Дне Господнем, когда пришли ко мне за деньгами, потому что это то же самое, как если бы вы уже пошли и купили что-нибудь: вы уже согрешили в сердце своем. Вот почему я приказал вам выбросить деньги в мусорное ведро.

Позже мои дочери признались мне, что тот случай глубоко запал в их сердца и послужил укреплению их веры.

Толпы людей

Наш магазин стоял на углу людной улицы. В магазин заходили не только обычные клиенты, но также пасторы и члены нашей церкви. Когда я учился в семинарии, несколько дьяконисс попросили у меня совета. Они рассказали, что некоторые братья и сестры хотят создать при церкви что-то вроде кассы взаимопомощи. Я посоветовал им не участвовать в этом, сказав следующее:

- Иисус сказал, что Дом Божий – это Дом молитвы. Он обличал торговцев, разложивших свой товар в иерусалимском

Храме. В церкви нет места ничему, что служит к получению материальной выгоды. Бог говорит, что между нами не должно быть иных долгов, кроме долга взаимной любви. Нельзя производить в церкви никакие финансовые операции. Когда деньги вклиниваются в наши взаимоотношения, Сатана начинает свое черное дело, и церковь постигает беда.

Вскоре так и случилось. Эта «касса взаимопомощи» привела к проблемам и поставила церковь в затруднительное положение. Когда я открыл церковь, я запретил всякую торговлю и всякие денежные операции, каким бы благим целям они не служили. Я всегда учил своих братьев и сестер: никаких денежных отношений между верующими!

Новости распространялись быстро, и вскоре люди, слышавшие о тех советах, какие я давал другим, начали приходить ко мне со своими проблемами. Одна сестра страдала облысением, и ей приходилось прикрывать голову платком. Я молился над ней, и через пару месяцев волосы выросли, и она смогла ходить без платка.

Был один член церкви, который иногда ходил к прорицателям и не чтил День Субботний. Он попал а аварию. Когда он пришел ко мне, он попросил помолиться за него — его мучили ужасные боли после автокатастрофы. После моей искренней молитвы его боль ушла, он получил исцеление.

Чтя День Господень, мы признаем духовный авторитет Бога. Если вы чтите День Господень, на протяжении всей недели Господь сохранит вас от всяких несчастных случаев. Но, если вы нарушаете Субботу, справедливый Бог не может вас защитить. Тот факт, что он ходил к предсказателям судьбы, было на самом деле духовным прелюбодеянием в глазах Бога. Господь ненавидит это.

Я пытался с помощью Слова Божьего внушить веру людям, которые приходили ко мне. Один пастор шел в молитвенный дом в горах, чтобы получить ответ на свою молитву; по пути он зашел ко мне. Он ушел домой в радости, потому что он получил ответ, и его проблема была разрешена. Мне приходилось так много беседовать с людьми, что порой у меня не хватало времени для занятий в семинарии. Когда я был дома, в доме и возле дверей всегда скапливалась толпа желающих получить мой совет, желающих, чтобы я помолился за них, поэтому во время каникул мне приходилось собирать вещи и уходить в горы. Я должен был убегать от людей, чтобы сосредоточиться на Слове Божьем и на молитве.

Длительный пост по вдохновению Святого Духа

Мы можем отринуть все грехи – даже грехи в мыслях

В августе 1979 года, на летних каникулах (это был первый год моего обучения в семинарии), я вместе с пастором моей церкви посещал летнюю пасторскую школу.

Вода била из фонтана в чистое голубое небо. Я слышал, как некоторые пасторы говорят друг с другом. Меня удивило, что они говорят о мирских вещах, и у них было так много тем для разговора! В то время я был уверен, что все пасторы святы, как Сам Господь. Я был удивлен и разочарован тем, что говорил один из них :

- Хоть мы и пасторы, мы ничего не можем поделать с греховной сутью прелюбодейного ума и с грязными мыслями. Так что, по моему мнению, это вовсе не грех.

- Верно! - отвечал другой. – Грех – это когда мы действительно что-то делаем, а мысль не может быть грехом!

Я был просто ошеломлен этими признаниями: я сумел

избавиться от греховных мыслей посредством поста и молитвы до того, как стал студентом богословской семинарии! Этот грех был полностью выкорчеван из моего сердца, и у дьявола не было никаких шансов подкинуть в мой разум такие мысли. Разве Бог повелел бы нам не прелюбодействовать, если бы мы были не в состоянии подчиняться этой заповеди? Если они верят, что грех можно победить постом и молитвой, как они могут говорить такое? Иисус говорил, что всякий, взглянувший на женщину с вожделением, уже прелюбодействовал с ней в своем сердце. Он также сказал, что для верующего нет ничего невозможного, так что мы можем преодолеть грех, если будем сражаться до крови.

Когда мои сокурсники задали профессору тот же самый вопрос, он тоже сказал, что человек ничего не может сделать со своими мыслями, так что думать – это еще не грех. Я решил учить верующих, что всякий грех можно победить Божьей благодатью и силой.

«Боже, благодарю Тебя! Если бы я раньше услышал, что ничего нельзя поделать с греховными мыслями, я бы и поныне продолжал грешить, ежечасно совершая в мыслях грех прелюбодеяния. Но Ты дал мне узнать обратное, и я молился, чтобы жить по Слову Твоему, и Ты дал мне силы удалить грязные мысли из своей души постом и молитвой. Благодарю Тебя, Боже!».

Я познал, что пост угоден Богу

Даже после поступления в семинарию я продолжал держать пост в течение 3, 7, 15 или 21 дня. Когда я был новообращенным, я даже не знал, зачем, вообще, нужно поститься, но я следовал водительству Духа Святого и постился. Когда я стал дьяконом, я узнал, зачем нужен пост и какие преимущества он дает. Когда я находил в себе какой-то грех, я посвящал посту 3, 5 или 7 дней, чтобы извергнуть из себя всякую неправду. Например, когда я понял, что во мне живет привычка врать, я постился 3 дня. Поститься 3 дня - это нелегко, но я быстро избавился от этого греха, а также от других не угодных Богу качеств.

После поста нужно правильно питаться, чтобы восстановить силы. Нужно есть что-то питательное, как, скажем, кашу или жидкую похлебку из риса или овсяной крупы. Есть это нужно столько же дней, сколько длился пост. В результате не так много было дней, когда я мог принимать тяжелую пищу. Так пост должен чередоваться с принятием восстановительной пищи. Во время первого своего поста я не знал о восстановительной еде. На самом деле я даже не знал, зачем, вообще, нужен пост, пока Святой Дух не открыл это. Я пошел на гору Чанг-гью с одеялом и Библией в руках, чтобы совершить семидневный пост. Недалеко от молитвенного центра были так называемые «молитвенные хижины», которые были предназначены для уединенной молитвы. В них было сыро, а в деревянном полу были щели, так что ползало много всяких насекомых. Я постился и с криком молился в течение 7 дней. Когда я спускался с горы, у меня ноги дрожали от голода, но я был рад, что совершил пост. На автобусной остановке продавали пирожки и пончики. Я купил несколько пончиков и вернулся домой.

«Дорогая, дай мне чего-нибудь поесть!»

Жена приготовила мне еду, и я помолился: «Я верю, что

эта пища хорошо переварится и пойдет мне на пользу». Я съел две чашки риса. Это было тяжело для желудка, но все переварилось.

Когда в Кьёнг-ги До был построен Дом молитвы «Осанри», я пошел туда, чтобы молиться с постом. Посещая служения в течение 3 дней, на протяжении которых все верующие держали пост, я узнал о «восстановительной еде». Пастор сказал, что после поста нужно есть легкую пищу, такую, как жидкая каша и овощи. Но я придерживался на этот счет другого мнения.

Вернувшись домой после поста, я поел риса, помолившись со словами: «Я верю, что еда хорошо переварится». Но вдруг у меня опухло все лицо и начались проблемы по всему телу. Я преклонил колени и молился об этом. И я услышал голос Духа Святого: «Тогда, когда ты еще не знал о «восстановительной еде», Я защитил тебя, видя твою веру. Но теперь ты о ней знал, но не послушался из-за своей заносчивости». Я немедленно покаялся в том, что не исполнил того, что проповедовалось, и сразу же начал новый пост.

Преимущества молитвы с постом

Молитва с постом очень важна, если мы хотим получить от Бога ответы на просимое. Поститься, а затем какое-то время принимать только легкую еду – это тяжело, но так мы приучаем свое тело к послушанию. Когда мы постимся, мы отрекаемся от своей плоти, мы обретаем силу контролировать себя. Наш дух набирает силу, мы растем как мужи духа. Желудок отдыхает от еды, и это полезно для здоровья. Разум проясняется, так что пост полезен и для тела, и для рассудка. Поскольку наш дух обретает силу, мы получаем полноту

Святого Духа. В горячих молитвах мы получаем ответы на свои животрепещущие нужды, и такие молитвы преодолевают самые серьезные преграды. Бог все оборачивает нам во благо.

Я постился так же часто, как ел, и я никогда не отменял пост, если его наметил. Бог будет доверять нам, только если мы будем сдерживать свои обещания. Получая ответы на молитвы с постом, мы укрепляем свою веру, мы становимся сильнее и крепче. Пост – это хороший способ узнать, что на самом деле есть жизнь христианина, победная жизнь веры.

Молитва с постом угодна Богу. Это один из путей приблизить наступление Царства Божьего и прославить Бога.

Как молиться с постом

Поститься – это значит не брать в рот ничего, кроме воды, значит принять решение: «Если я умру, так тому и быть!». Поэтому не стоит начинать долгий пост, больше 10 дней, не обдумав свой шаг и не взвесив все. Нужно следовать воле Божьей и водительству Духа Святого.

В Ис. 58: 6 сказано:

«Вот пост, который Я избрал: разреши оковы неправды, развяжи узы ярма, и угнетенных отпусти на свободу, и расторгни всякое ярмо…». «Оковы неправды» - это любые последствия непослушания Слову Божьему. Иными словами, если наш пост угоден Богу, мы получим ответы на все просимое. Но многие постятся в течение 40 дней, не задумываясь о смысле своего поста, и сталкиваются с бедами, потому что Бог не защищает их. Итак, какой же пост угоден в очах Божьих?

Во-первых, мы должны поститься с твердым сердцем

Если мы решили поститься столько-то дней, нельзя прекращать пост, когда пройдет половина этого срока. Нельзя этого делать только из-за того, что это тяжело. Если вы прекращаете пост по причинам, от вас не зависящим, вы должны потом начать его с самого начала и поститься столько дней, сколько вы пообещали Богу. Если вы даете Богу обет, а потом нарушаете его по той или иной причине, как может Он доверять вам и любить вас? Чтобы вы ни пообещали Богу, держите свое слово. Поступая так, мы учимся выносливости и сохраняем доверие Божье. Делая это, мы выполняем Его волю.

Во-вторых, мы должны вопиять к Богу в молитве во время поста

Многие люди вместо того чтобы молиться, как должно, спят побольше, пока длится их пост. Такое воздержание от еды не имеет никакого смысла. Только если мы кричим к Нему в молитве, Бог даст нам Свою благодать, даст нам сил продолжать пост. Он также ответит на наши молитвы и благословит нас.

Поскольку мы едим, как правило, три раза в день, во время поста, как минимум, трижды в день мы также должны совершать молитву. Так мы подкрепим себя небесной манной и живой водой, исполнимся Духа Святого, и дьявол не посмеет прикоснуться к нам. Когда мы совершаем длительный пост, мы должны молиться по меньшей мере пять раз в день, чтобы подкрепляться хлебом духовным. Кроме того, наш пост должен совершаться не только внешне. Когда мы сокрушаемся сердцем, молимся от глубины души, Бог дает нам благодать и силу (Иоил. 2:12,13).

В-третьих, нельзя развлекаться во время поста

В Ис. 58: 3 сказано: «"Почему мы постимся, а Ты не видишь? смиряем души свои, а Ты не знаешь?" - Вот, в день поста вашего вы исполняете волю вашу и требуете тяжких трудов от других». Если Вы смотрите телевизор, раздражаетесь, сплетничаете во время поста, Бог не благоволит к такому посту, так что забудьте о том, чтобы получить ответы на свои молитвы. Итак, мы должны воздерживаться от развлечений, от пустых разговоров, от всяких неблаговидных поступков. Такое сердце угодно Богу.

В-четвертых, когда мы молимся, мы должны в первую очередь молиться о царстве Божьем и исполнении воли Божьей

Если мы молимся, с жадностью желая воплощения только своих желаний, Бог не примет нашу молитву. А значит, мы не услышим ответа на нее. Более того, такой «пост» только навредит нашему организму, так что надо быть очень внимательными и осторожными. Не молитесь о славе, о власти или о знаниях; молитесь о том, чтобы стать освященным сосудом, полезным Богу. Молитесь о спасении душ, о том, чтобы получить силу от Бога, молитесь о дарах Святого Духа, о Его Царстве, чтобы Его воля исполнялась на земле, молитесь о своих пасторах. И тогда Бог с радостью примет вашу молитву.

В -пятых, нужно молиться с любовью

В Ис. 58:7 сказано: «Раздели с голодным хлеб твой, и скитающихся бедных введи в дом; когда увидишь нагого, одень его, и от единокровного твоего не укрывайся». Если дети Божьи поступают друг с другом по-доброму, проявляя свою любовь, насколько более угодны они будут в глазах Бога! Он с радостью примет их пост и быстрее ответит на их молитвы.

В-шестых, нужно принимать восстановительную пищу

Чтобы завершить пост, нужно принимать после него восстановительную пищу – столько же дней, сколько длился сам пост. Принимая после поста правильную пищу, мы учимся воздержанию. Это не нанесет вреда нашему телу, а, напротив, сделает нас здоровее, прояснит наш дух.

Некоторые говорят: «У меня сильный желудок, так что мне не нужна какая-то специальная еда после поста». Но это ошибочное представление. Когда мы едим ту пищу, которая способствует восстановлению нашего организма, Бог делает наши слабые желудки сильнее, залечивает мелкие недуги.

Даже если мы прекрасно справились с постом, но не принимаем ту пищу, которая будет способствовать восстановлению организма, мы потеряем жизненные силы, нанесем урон телу, и все это приведет к осложнениям. Во время периода восстановления нельзя много работать и заниматься спортом. Кроме того, сразу после поста нас может ждать испытание веры, и молиться об этом нужно заранее, еще во время поста.

Особая пища для восстановления после поста

Если мы будем много есть сразу же после поста, у нас опухнет лицо да и желудку это не пойдет на пользу, так что надо быть очень осторожным. Мы обычно принимаем пищу три раза в день, но во время восстановительного периода можно 4 раза в день съедать по чашке жидкой рисовой каши.

Нужно избегать мяса, яиц, хлеба, газированных напитков, жирной, острой, соленой или кислой еды. Избегайте также еды, в которой содержатся пищевые добавки, такие, как глутамат натрия и специи. Лучше есть побольше овощей.

После трехдневного поста можно есть рисовую кашу, но после долгого поста желудок делается как у новорожденного ребенка. Поэтому где-то два дня можно есть только жидкий, почти водянистый, рисовый суп. Ешьте его примерно 4 раза в день. Можно также пить сок и съедать яблоко без кожуры четыре раза в день.

Через 3 - 4 дня можно начинать есть суп погуще. Потом можно начать добавлять в кашу рисовый порошок или вареную тыкву и увеличивать порцию. Избегайте мяса, не добавляйте в блюда пищевые добавки. Если вам очень хочется мяса, лучше съешьте немного не очень соленой рыбы.

Хороши также овощные супы. Особенно полезно добавить в рисовую кашу очищенные кунжутные семена. Следуя этой процедуре, вы быстро вернете жизненную энергию и станете только здоровее.

Молитесь о водительстве Святого Духа

Я был замкнутым человеком. Когда рядом со мной кто-то находился, я не мог молиться громко. Поэтому я всегда молился ночью, в одиночестве. После того как я проводил в молитве минут 30, я получал полноту Духа, Его вдохновение, и начиналось глубокое духовное общение с Богом. Иногда на меня находило такое вдохновение, что я начинал петь на иных языках, а иногда танцевал, напевая «Аллилуйя!», движимый Духом.

Я молился о своем пасторе, о других пасторах, о служителях, об обновлении нашей церкви, о том, чтобы новые души познали Господа, я молился о других церквях и обо всей нации. Под конец я молился о своей семье и о своем бизнесе.

Когда у меня бывала возможность, я отправлялся в молитвенные центры и посещал рассветные молитвенные служения. Потом я стал подниматься на вершины холмов. Мне жаль было терять время на завтрак, так что я просто пропускал его, брал с собой одеяло и поднимался на холм рано утром.

Вечером я ужинал в молитвенном центре и там же посещал служение. Когда в моем сердце вспыхивало сильное желание держать пост, я продолжал поститься и вечером.

«Также и Дух подкрепляет нас в немощах наших; ибо мы не знаем, о чем молиться, как должно, но Сам Дух ходатайствует за нас воздыханиями неизреченными. Испытующий же сердца знает, какая мысль у Духа, потому что Он ходатайствует за святых по воле Божией» (Рим. 8:26,27).

В то время я даже не знал о Духе Святом, я просто шел под Его водительством и молился. Бог испытывает наши сердца. Дух Святой молился во мне, и я молился, повторяя за Ним.

Божья рука. Подготовка к открытию церкви

Преодолевая испытания

Чтобы укрепить нашу веру, Бог проводил нашу семью через испытания. Моей младшей дочери Суджин было 6 лет. Это было в 1980 году. Суджин с сестрой проходили место, где старшеклассники играли в мяч. Один из них резко повернулся, пытаясь поймать летевший мяч, и ударил ее. Она упала, ударилась головой о бетон и получила сотрясение мозга. Родители мальчика отвезли ее в больницу.

Моя жена узнала о случившемся и поехала в больницу. Доктора сказали, что Суджин нужно перевезти в другую больницу: ее мозг получил значительные повреждения, и в будущем это могло сказаться на ее умственных способностях. Даже после проведенной операции существовала угроза того, что она останется умственно неполноценной.

Суджин бредила в беспамятстве, но у меня было достаточно

веры, чтобы отвезти ее не в другую больницу, а домой: я верил, что молитва исцеляет.

Мать того ученика не знала, что делать. Она была домохозяйкой, и ее материальное положение не сильно отличалось от нашего: она тоже была бедна.

Успокоив ее, я возложил руку на Суджин и стал молиться. Она металась в бреду и стонала. Даже на следующий день она не очнулась, и мы с женой всю ночь провели в молитве. В среду, собираясь на занятия в семинарию, я услышал ее ясный голосок:

- Папа, разве сегодня мы не идем в церковь?

Так она пришла в себя.

«Боже, благодарю Тебя! Ты ответил на мою молитву, и к Суджин вернулось сознание». Когда я вернулся домой после занятий, я узнал, что дочка ушла в церковь на служение, которое всегда проводилось по средам.

Мою среднюю дочь сбивает грузовик

В 1981 году моя средняя дочь, Микиёнг, стала жертвой несчастного случая на дороге. Она вышла из автобуса и переходила улицу. Водитель грузовика ее не заметил и сбил. Ее отбросило в сторону. Водитель немедленно отвез Микиёнг в больницу.

Когда жена туда приехала, лицо Микиёнг опухло настолько, что казалось, у нее - два подбородка. Во рту все было просто разорвано. Это было ужасное зрелище. Врачи говорили об обязательной госпитализации, но жена отвезла ее домой. Микиёнг была вся в крови и не могла даже открыть глаз. Ее лицо представляло собой месиво из ран и ушибов.

Она не могла ничего есть. Все, что она могла, - это выпить немного молока или супа через трубочку. Когда я приоткрыл ей рот и заглянул внутрь, я ужаснулся. Я искренне молился, возложив руку на Микиёнг. Несмотря на все раны и ушибы, она пошла в школу. Учительница была в ужасе и велела ей немедленно отправиться в больницу. Мы с женой постились и молились Господу всю ночь. Микиёнг продолжала ходить в школу; через три дня лицо было просто синим, как будто в синяках, а через пять дней с ран сошла короста – оно выглядело совершенно здоровым! Во рту все зажило, опухоль исчезла. После этого она сказала, что всегда будет ходить в церковь.

В тот год, на летних каникулах, мы получили письмо от учительницы Микиёнг. Она писала, что признала Бога, узнала, насколько велика Его власть, когда увидела, как быстро исцелилась ее ученица – без лечения, без медикаментов.

Исцеление старшей дочери после покаяния жены

В 1981 году моя старшая дочь Миёнг обучалась в средней школе. Были летние каникулы, и я вернулся домой после посещения молитвенного дома «Осанри». Я увидел, что у Миёнг по всему телу пошли нарывы: сыпь была настолько ужасна, что ее кожа была похожа на кору сосны. Под коростой из нарывов была воспаленная кожа. Из трещин вытекал гной. Это было просто ужасно. При малейшем движении ее нарывы начинали кровоточить, поэтому она вынуждена была не двигаться.

Моя жена верила в то, что Бог может исцелить Миёнг, она не стала прибегать к помощи лекарств и не повезла дочь в больницу. Я молился о Миёнг, но исцеления все не было. Я молился и на другой день, но Бог молчал…

«Вот, рука Господа не сократилась на то, чтобы спасать, и ухо Его не отяжелело для того, чтобы слышать. Но беззакония ваши произвели разделение между вами и Богом вашим, и грехи ваши отвращают лице Его от вас, чтобы не слышать» (Ис. 59:1,2).

Я стал анализировать свою жизнь, пытаясь увидеть, что я сделал неправильно, в чем я должен был покаяться, но не видел ничего. Я был уверен, что и Миёнг не сделала ничего предосудительного. Она всегда была хорошей девочкой. Жена призналась, что недостаточно прилежно молилась на рассветном служении, и покаялась в своем грехе. После ее покаяния я молился о Миёнг, и на этот раз Бог явил Свое могущество. За одну ночь кожа, которая была вся желтая от воспаления, побелела, короста отпала. Тело Миёнг было совершенно чистым еще до окончания каникул.

Когда мы полностью полагались на Бога, в нашей жизни не случалось трагедий и бед. Мы понимали: все, что Бог допустил, послужило к укреплению нашей веры, как Бог некогда совершенствовал Иова, допустив его мучиться от проказы. И мы благодарили Бога за Его любовь. До того как я открыл свою церковь, Бог провел через горнило испытания всех трех моих дочерей, чтобы укрепить нашу веру в Него.

Что мне делать?

Я признавал власть Бога во всем и всегда находил радость в том, чтобы узнавать Его волю и следовать ей. Читая Библию, я восхищался упованием Давида:

«После сего Давид вопросил Господа, говоря: идти ли мне в какой - либо из городов Иудиных? И сказал ему Господь: иди. И сказал Давид: куда идти? И сказал Он: в Хеврон» (2 Цар. 2:1).

«И вопросил Давид Господа, говоря: идти ли мне против Филистимлян? предашь ли их в руки мои? И сказал Господь Давиду: иди, ибо Я предам Филистимлян в руки твои» (2 Цар. 5:19).

Со всеми вопросами Давид шел к Господу, даже если речь шла о ничтожных мелочах. Подобно маленькому ребенку, который всякий раз спрашивает родителей, что ему делать, Давид искал водительства Божьего во всем. И когда Давид обращался к Богу за советом, Господь как мудрый Отец отвечал ему. Я тоже стремился узнать волю Божью во всем, и Он давал мне ясно слышать голос Духа Святого.

Сорокадневный пост

Когда я учился на втором курсе, в 1981 году, Бог побудил меня держать сорокадневный пост на зимних каникулах. Я решил отправиться в молитвенный центр, взял с собой Библию, сборник гимнов и еще некоторые богословские книги. Когда я уже собирался выйти из дома, я услышал властный голос Духа Святого:

«В эти 40 дней не читай никаких книг, кроме Библии и сборника гимнов!».

Я быстро распаковал свои вещи и вытащил все книги, кроме Библии и сборника христианских гимнов, а затем отправился в молитвенный дом «Осанри». Это было время каникул, и там были тысячи верующих. Погода тогда была самая холодная за последние 60 лет. Я посещал все официальные служения, а еще я решил трижды в день – на рассвете, в полдень и в 11 часов ночи – молиться. Когда я заходил в молитвенную хижину и становился на колени, я чувствовал, что мне очень холодно, но я продолжал с криком молиться, не пропуская времени молитвы ни один день.

Молитвенная хижина была очень холодной, а сама она напоминала большой ледяной куб. Спустя 30-40 минут молитвы Бог давал мне благодать и силы молиться пару часов, молиться с криком. Я был тогда новообращенным, я много постился, мой пост длился от 5 до 20 дней. Я часто постился, а также ходил на занятия в семинарию. Я знал, что даже сорокадневный пост будет мне не в тягость, если Бог поможет мне. Я молился о Царствии Божьем и праведности, молился, прося Бога открыть мне Слово Его. Он призвал меня стать Его служителем, но сам я ничего не мог сделать, и я ревностно просил Его дать мне сил исполнить то, что Он вверит мне. Я молился об открытии церкви, и Бог открыл мне в видении истину о церкви, которая понесет весть о спасении всему миру:

«Сколько в этом мире душ, которые страдают от болезней и нищеты! Твоя церковь будет помогать всем нуждающимся, исцелять тела людей, она понесет Благую весть всему миру, на нее будет возложена всемирная миссия. Твоя церковь будет расти и сиять. Я избрал тебя, и Я поведу тебя от начала и до конца. Ты сделаешь, что Я повелю тебе, ты откроешь церковь».

Я долго страдал от болезней и потому хорошо понимал тех, кто томится под гнетом недугов. Чтобы дать веру неверующим, чтобы исцелить людей от болезней и сомнений, чтобы разбить оковы несправедливости, которыми скованы люди в нашем греховном мире, я нуждался в силе Божьей – великой и безграничной. И я молился: «Боже, дай мне силу, чтобы люди получали исцеление, даже когда моя тень коснется их или они прикоснутся к краю моей одежды, чтобы одно мое слово обращало дьявола в бегство!».

Когда я ревностно молился, Бог дал мне обещание, что даст мне власть над дьяволом и сатанинскими силами. Моя мечта была иметь много силы от Бога, чтобы нести весть о спасении, чтобы зажигать огонь веры в тех, кто еще не знает Господа, кто страдает от болезней, бедности, переживаний мира, чтобы создать церковь, которая будет расти и понесет Евангелие во все уголки земли. Чтобы воплотить эту мечту о создании всемирной миссии, мне нужна была безграничная сила Божья, и я молился, чтобы у меня была такая же сила, как у возлюбленных Богом мужей веры - Моисея, Иисуса Навина, Илии, Елисея, Петра и Павла, - сила, которой я стану совершать чудеса и знамения.

Я, как служитель, просил дать мне не только силу и власть победить мир – я просил обо всех 12 дарах Святого Духа. Но с шестого дня моего поста Бог перестал поддерживать меня, и дьявол стал досаждать мне. Прошли седьмой и восьмой дни, у меня кружилась голова и конечности схватывала судорога. Мне казалось, что я схожу с ума. Я не мог уснуть ночью. Я боялся потерять рассудок и всеми силами старался сохранить себя. Однажды мне приснилось, будто меня насильно кормят рисом. Я проснулся и покаялся за этот сон.

Я уже собирался прекратить пост, боялся, что так я только

обесславлю имя Божье, но, если бы я тогда остановился, мне бы пришлось начать все сначала. Поэтому я боролся с болью каждый день.

Через 9 дней все болезненные симптомы исчезли.

Спустя 20 дней я настолько ослабел, что у меня не было сил читать Библию. Я купил у пастора несколько книг с проповедями. Я прочитал пару глав, но и на это у меня не было сил. Я пошел в молитвенную хижину, но у меня не было сил кричать в молитве к Богу. Молитва давалась мне с таким трудом. Я молил Бога: «Дай мне сил вопиять к Тебе!».

Не знаю, сколько прошло времени, но в своей борьбе я услышал голос, который будто отозвался в моем сердце: «*Я приказал тебе не читать ничего, кроме Библии и сборника гимнов. Зачем ты стал читать книги, написанные рукой человека?*».

Я очнулся, услышав этот голос, и ответил: «Боже, я думал, что в этом не будет ничего страшного. Я ослушался Тебя. Пожалуйста, прости меня!». Мне было тяжело читать Библию, и я решил, что можно почитать что-нибудь другое. Я понял, что это было непослушание, и исповедал Богу свой грех. Тогда я получил новые силы и вновь был в состоянии молиться.

На 28-й день от меня остались лишь кожа и кости. Я сильно потерял в весе. На 30-й день мои кишки ссохлись, так что даже вода не проходила: когда я пил, вода выходила обратно. Меня рвало черной кровью. Возможно, причиной тому был разрыв некоторых вен внутри желудка. Со мной в комнате жило много других постояльцев, и я думал, что им будет неприятно, если меня будет рвать при них. Поэтому, когда на 32-й день меня навестила моя старшая дочь, которая тогда еще

училась в школе, я вернулся с ней домой. Я продолжил свой пост в комнате, которую я снимал для себя недалеко от дома. Это была настоящая борьба с собственной волей. На 39-й день в 11 часов вечера – о чудо! – вся боль ушла, и Бог дал мне силу свыше. Я чувствовал себя совершенно здоровым человеком. Я принял ванну и переоделся. В полночь я молился, славя Бога. Мой пост был завершен.

Как орел учит своих орлят летать

Потом я спрашивал себя: почему Бог не поддерживал меня в том сорокадневном посту? До тех пор я всегда постился без особых сложностей: Бог поддерживал меня и помогал мне. Я спросил Бога, почему в тот раз я должен был поститься, полагаясь только на свои силы, почему мне пришлось изведать столько боли. Бог ответил мне:

«Я не отвернулся от тебя. Я учил тебя. Если ты сравнишь тот пост, который ты легко проходил с моей помощью, с тем постом, который тебе пришлось держать, полагаясь на собственные силы и выносливость, ты поймешь, что и сила, которую ты получил в последний раз, была неизмеримо более великой».

Да, когда я постился, полагаясь на свои силу и выносливость, я получил от Бога больше силы и стойкости, и я смог преодолеть все. Когда я услышал ответ Божий, я вспомнил Втор. 32:11,12:

«...как орел вызывает гнездо свое, носится над птенцами своими, распростирает крылья свои, берет

их и носит их на перьях своих, так Господь один водил его, и не было с Ним чужого бога».

Орлы строят гнезда на самом пике высокой скалы. Когда орлята вырастают до определенного возраста, орлица выпихивает их из гнезда. Они камнем падают вниз, а потом, сражаясь за жизнь, начинают махать крылышками. Вот так они и учатся быть сильными, способными уцелеть в каждодневной борьбе за жизнь, учатся парить высоко в облаках. Я не мог сдержать слез, рассуждая о любви Бога, Который так неустанно учил меня, подобно тому, как орлица тренирует своих малышей.

Глава 5

Начало церкви

Трехлетняя подготовка Словом Божьим

Я очистил тебя

Я думал о значении цифры "3" – три года. 9 июля 1974 года, на дне рождения моего отца, случилась неприятность, которая привела к моему разводу с женой. А 10 июля 1977 года мы встали на ноги и открыли магазин на рынке в Кюмхо Донге. Ровно три года, день в день. Обучение в семинарии длится 4 года, и сначала я не мог понять, почему Бог сказал, что будет со мной, «являя Свое присутствие чудесами и знамениями» после того, как я 3 года буду изучать Его Слово. Но вскоре я понял смысл этих слов. В феврале 1982 года по просьбе пастора церкви «Ильман» в Масане я проповедовал на служении в этой церкви.

В феврале 1982-го я окончил 3-й курс семинарии. Пастор церкви «Ильман» в Масане попросил меня:

- Пожалуйста, приезжайте в мою церковь проповедовать.

- Но ведь я еще даже не рукоположен на пасторское

служение. Я всего лишь семинарист. Как я могу проповедовать на служении? Попросите кого-нибудь другого!

- Нет. Я долго молился об этом служении, и Бог указал мне на вас. Это воля Бога: вы должны говорить на этом служении возрождения.

- Я буду молиться об этом и потом дам ответ.

Я был студентом семинарии, и мне впервые предстояло проповедовать на таком служении, поэтому я чувствовал себя не очень уверенно. Я молился 3 дня в молитвенном доме «Осанри», и тогда у меня появились уверенность и дерзновение. Вернувшись домой, я склонил колени и молился о том, что мне сказать на этом служении. В тот самый момент меня посетило ясное вдохновение: Бог указал мне 11 тем для проповеди вместе с текстами Писания и заглавиями для проповедей - все подробно, включая проповеди на рассветных служениях. Бог даже напомнил мне ту книгу, которую я прочитал накануне: «Ты читал об этом, приведи эту книгу в качестве примера». Я был под глубоким впечатлением. Я в который раз понял, что нет ничего невозможного для Бога. Я подготовил все проповеди, начиная с вступления и заканчивая заключением. Я проповедовал на том служении, и на нем была явлена благодать Божья. Все, кто меня слушал, благодарили меня за сказанное, говоря, что они обрели благодать, слушая мою проповедь. Многие говорили, что услышали из моих уст Слово Жизни и такого с ними раньше не бывало. Мои слова изменили состояние их духа, их проблемы были разрешены.

После этого меня стали часто приглашать на подобные служения. Всякий раз мои слова подтверждались чудесами и знамениями, которые творил Святой Дух, подобно сильному ветру с вихрями. Бог некогда призвал меня на служение, сказав: «Три года. Три года ты будешь готовиться, изучая Мое Слово».

Что нужно для успешного служения

Когда мы стали старшекурсниками, все мои товарищи по семинарии тоже стали готовиться к тому, чтобы стать пасторами. Они только и делали, что посещали конференции, на которых рассматривались вопросы роста церквей, наблюдали за ходом служений в разных церквях, пытаясь таким образом получить как можно больше информации, приобрести полезные в этом деле знания. Они и мне советовали: «Невозможно совершать могущественное служение, всего лишь постясь и уходя в горы для молитвы? Почему ты не пытаешься узнать что-то новое для себя вместе с нами?». Может, это и полезно было - расширять знания, узнавать что-то о деле создания церкви, но у меня было другое мнение на этот счет.

Меня интересовали не человеческие методы, а то, что делал Бог для роста поместных церквей. И я видел, что такие мужи веры, как Петр и Павел, использовали каждый момент жизни для молитвы. Размышляя над Библией, я понимал ее смысл и прилежно проповедовал Слово другим.

В книге Деяний 8:26 описывается, как Филипп под водительством Духа Святого идет в пустыню и по дороге встречает ефиоплянина, евнуха, вельможу ефиопской царицы Кандакии. Это был человек, в ведении которого находились все сокровища его госпожи. Евнух читал отрывок из Исаии, и ему был не понятен смысл того, что он читал. Филипп рассказал ему об Иисусе, а затем крестил его. Апостол Павел некогда собирался пойти проповедовать Слово Божье в Асию, но Дух воспрепятствовал ему и призвал его пойти благовествовать в Македонию (Деян. 16:6-10).

Размышляя над Словом, я понял, что Бог Сам руководит Своими слугами и ведет их. Я понял, что самое главное для успешного служения – это глубокое общение с Богом и следование Его воле. Вот почему всякую минуту я посвящал молитве и прилагал усилия к тому, чтобы понять духовный смысл Слова Божьего.

Любовь моей жены и ее забота о душах

В марте 1982 года, после того как закончился мой сорокадневный пост и прошел период приема восстановительной пищи, начался новый учебный год. В новом году в церкви, которую я посещал, происходила реорганизация малых групп. Моя жена стала ответственной за проведение служения в одной из групп, а дьякониса Эйджа Ан стала руководителем группы. В нашей малой группе было 5 человек. К апрелю это количество выросло до 25.

Моя жена прилежно рассказывала людям о Боге и заботилась о новообращенных. Каждый день она уделяла время молитве с дьякониссой Эйджей Ан. Благодаря их молитвам решались семейные проблемы членов группы, и члены семей верующих тоже приходили к Богу. Возрождение начиналось. Кроме того, моя жена неплохо готовила, и каждое служение она угощала братьев и сестер всякими вкусными блюдами.

В воскресенье утром мы послали своих трех дочерей ходить по домам со словами: «Сегодня время для посещения церкви. Приходите к нам к 10 часам». Если люди не приходили, мои дочки снова шли к ним и стучали в двери, настойчиво приглашая пойти на служение вместе с ними. Кто-то не мог отказать маленьким девочкам и приходил. И так по воскресеньям в моей малой группе собиралось до 30 человек. Моя жена с любовью обо всех заботилась: так она училась быть женой пастора.

С семью долларами в кармане

Удивительное происшествие

1 марта я стал старшекурсником, а наш магазин, в котором всегда было полно народу, неожиданно потерял всех клиентов. Он был совершенно пуст. Сначала мы думали, что какой-то грех воздвиг стену между нами и Богом, и надеялись, что назавтра все будет в порядке. Но и на следующий день никто не приходил. Мы с женой молились Богу, но ответа не было. Поскольку никаких доходов не поступало, мы начали оплачивать аренду из тех денег, которые составляли страховой взнос. Позже мы поняли, что это был промысел Божий. 25 июля мы закрыли магазин, чтобы открыть церковь. Страховой взнос к этому времени просто иссяк. Когда мы выплатили все налоги, у нас на руках осталось 7 долларов. Все наши мирские сокровища Бог обратил в ничто, и мы начали новую церковь с семью долларами в кармане.

Люди, приходящие со своими недугами

Почему мать Миёнг всегда счастлива?

Я когда-то стоял на краю могилы, и христианская жизнь моей жены началась, когда она увидела, как я получил исцеление от всех своих болезней. Она была счастлива и полна радости. Даже когда мы не знали, что будем есть завтра, мы были благодарны Богу. Мыла ли она посуду или что-то еще – моя жена всегда пела хвалебные гимны. Кого бы она ни встречала, она говорила людям о живом Боге, проповедовала Благую весть. Каждый день своей жизни она проводила в полноте Духа.

Еще до того, как мы открыли церковь, слухи о моей семье распространялись, и все больше и больше людей приходили, чтобы я молился о них. В апреле 1982 года ко мне обратилась одна верующая женщина. Она была ужасно худой – просто кожа да кости! Она сказала, что еле ходит из-за врожденного порока сердца.

- Пастор, через 3 дня после родов у меня опухло все тело, мое состояние становится все хуже и хуже. Я даже не могу удержать на руках своего ребенка.

- Прими мою молитву с верой. Бог исцелит тебя!

Я молился над ней, и она была исцелена. Сегодня она старшая дьяконисса Сёнг Йа Ким, член молитвенной группы нашей церкви. Еще как-то одна пожилая женщина пришла в мой магазин. Она рассказала, что слышала о моей семье, а потому разыскала меня. У ее двадцатилетней дочери произошло смещение тазовой кости. Ноги оказались разной длины, и она не могла нормально ходить. Боли были настолько сильными, что ей пришлось начать терапию морфием. Она стала наркоманкой, а морфий больше не облегчал боль. Самые сильные обезболивающие были бесполезны. Ее мать просила меня молиться за ее дочь. Мы провели служение прямо у них дома. Святой Дух побудил меня молиться за эту семью в течение 21 дня.

Я тогда еще учился в семинарии, у меня было мало времени – каждую ночь я посвящал молитвам, но я проповедовал им Слово Божье и 21 день молился о них. Постепенно у девушки появилась вера, она прекратила принимать все лекарства, которые ей прописали. Она стала уповать только на Бога. На двадцатый день вся боль ушла. На следующий день произошло нечто. Вот ее свидетельство:

«Пастор, у нас очень старый дом, и на чердаке и в подвале много крыс. Они постоянно шумят. По ночам крысы даже заходят в комнаты и приводят всё в беспорядок. Я всегда их боялась. Но сегодня ночью мне приснился сон, а когда я проснулась утром, произошло что-то удивительное!».

Крыс развелось столько, что никаким ядом не удавалось с ними справиться, и из-за их возни девушка не могла ночью уснуть. И вот ей приснилось, что я молюсь за нее, после этого ей приснилось, что отовсюду стали выходить группками крысы всех размеров, а в конце вышла самая большая - этакий крысиный король. В тот самый момент исчезла всякая боль, а крысы, как оказалось, тоже покинули дом.

Через несколько дней мать девушки снова пришла ко мне и сказала:

- Пастор! Моя дочь умирает! Скорее, пойдемте, помолитесь за нее!

Я пришел к ним в дом в полночь. Девушка каталась по полу от боли. Она постилась 3 дня, потом еще три дня принимала восстановительную пищу, но оказалось, что сразу после поста она поела жареной курятины. У нее случилось острое несварение желудка. Я возложил на нее руки и молился о ней. Дух показал мне кость у нее в желудке, и я видел, как во время молитвы кость таяла. Сразу после молитвы ее вырвало всем съеденным. Она глубоко вздохнула, и с ней все было в порядке.

Чистый сосуд

Я часто постился, я прилагал все усилия, чтобы отвергнуть всякое зло и жить, повинуясь заповедям Божьим. В моей жизни проявились девять плодов Духа, я был наделен силой и дарами Святого Духа. После того как я в течение семи лет молился, прося Бога открыть мне Его волю, Господь послал мне пророчицу. В апреле 1982-го одна сестра, которую привела к Господу моя жена, пришла ко мне и сказала:

- Пастор, в полночь кто-то трижды окликнул меня по имени, и я открыла глаза. Было так светло, что мне было больно смотреть: мне явился Господь и сказал: «Я изберу тебя, я сделаю тебя известным среди народов, ты станешь моим свидетелем всему миру». Я не знаю, что бы это значило».

В то время она даже не знала, чем Бытие отличается от Евангелия от Матфея. Я был поражен, когда понял, что она услышала те самые слова, которые Бог сказал мне, призывая меня на служение:

«Разве ты не просил о 12 дарах Духа? Я дал тебе их все, так будь благодарен!».

Ее пророческими устами Бог говорил мне то, что знал только я сам. Она говорила такое, о чем не знала даже моя жена. Я понял, что Бог дал и мне дар пророчества. Он дал мне еще раз убедиться, что это Он говорил со мною раньше. До того я просил Его дать мне 12 даров Святого Духа, включая те 9, что перечислены в 12-й главе 1 Послания к Коринфянам, а также дар видеть видения, дар Божественного предвидения и дар любви.

Что есть пророчество?

Библия говорит нам о разных способах, как услышать голос Бога. Есть голос Самого Бога, а есть голос Святого Духа. Иногда Бог говорит с нами через ангелов, которые являются в образе людей. Бог также говорит с нами через пророчества.

«Была на мне рука Господа, и Господь вывел меня духом и поставил меня среди поля, и оно было полно костей, и обвел меня кругом около них, и вот весьма много их на поверхности поля, и вот они весьма сухи. И сказал мне: сын человеческий! оживут ли кости сии? Я сказал: Господи Боже! Ты знаешь это. И сказал мне: изреки пророчество на кости сии и скажи им: "кости сухие! слушайте слово Господне!" Так говорит Господь Бог костям сим: вот, Я введу дух в вас, и оживете. И обложу вас жилами, и выращу на вас плоть, и покрою вас кожею, и введу в вас дух, и оживете, и узнаете, что Я Господь. Я изрек пророчество, как повелено было мне; и когда я пророчествовал, произошел шум, и вот движение, и стали сближаться кости, кость с костью своею» (Иез 37:1-7).

«Ибо свидетельство Иисусово есть дух пророчества» (Откр. 19:10).

Пророчествовать – значит говорить вместо кого-то. Среди пророков есть те, кто говорят от имени человека, а есть те, кто говорят от имени Бога...

В 37-й главе Книги Иезекииля мы видим, что Дух Божий был с Иезекиилем и Сам Бог говорил его устами. Поскольку это Сам Бог говорил устами человека, все глаголы стоят в повелительном наклонении. Пророчество исходит не от людей, а от Духа Божьего, а именно – от Святого Духа. Дух Святой гармонично действует через человека, чтобы открыть волю Божью. А значит, это истинная весть, признанная Богом и обеспеченная Его гарантией. Что же тогда есть «дух пророчества»?

Когда вы говорите по вдохновению Духа Святого, вы несете свидетельство Иисуса, Который Сам есть Истина. Итак, человек, говорящий истину по побуждению Духа Святого, несет свидетельство духа Иисуса - пророчествует. Это и есть «дух пророчества». Как Иезекииль повиновался слову Бога и пророчествовал, так сегодня и мы можем получить массу откровений, если есть человек, который может пророчествовать слова Божьи.

Мы видим, что Иисус хочет, чтобы мы получали откровения. Вспомним Матф. 11:27: *«Все предано Мне Отцем Моим, и никто не знает Сына, кроме Отца; и Отца не знает никто, кроме Сына, и кому Сын хочет открыть».* А вот слова Павла из 2 Кор. 12:1: *«Не полезно хвалиться мне, ибо я приду к видениям и откровениям Господним».*

Если мы сможем, подобно апостолу Павлу, получать откровения от Господа, мы сможем ясно понять Бога и даже узнать о событиях, которые должны произойти в будущем. А зная о них, мы сможем подготовиться к дню возвращения Господа, который придет «как тать (вор) в ночи».

Ответ на молитву: открытие церкви

Они хотят выгнать тебя

Когда мы готовились к открытию церкви, мы провели несколько молитвенных собраний. В доме дьякониссы Эйджи Ан проходило служение исцеления, и в доме было полно народу. Еще одно молитвенное служение проходило в моем магазине. Один человек, у которого была сломана рука, получил исцеление и снял гипс прямо там. Женщина, которая долгое время не могла забеременеть, пришла, чтобы мы помолились над ней. Вскоре я узнал, что она забеременела. Еще одно служение проходило в горах. Там собралось больше 40 человек. Среди них были студенты семинарии и пасторы. Была одна женщина, которой сделали операцию на позвоночнике, после чего началось осложнение.

Все говорили, что она очень плоха, но ей все равно хотелось прийти на наше служение. Один из братьев просто принес ее в горы на руках, и я молился над ней. Она обрела исцеление прямо там, и назад домой она шла уже сама!

В горах проходило и четвертое служение; на нем присутствовало много семинаристов. Слово Божье было дано нам:

«После этого служения в ваших жизнях будет испытание. Но не отчаивайтесь, молитесь и верьте. Я отплачу вам благословениями».

Вскоре меня действительно постигло испытание. В июне 1982 года я сдал последние экзамены в семестре и отправился домой. Один из профессоров провожал меня почти до дома. Я догадывался, что это неспроста. Он заговорил со мной: «Я был много раз на молитвенных служениях, я много молился в своей жизни, и я тоже кое-что знаю о духовном мире. В вас есть духовная глубина, и Бог благословил вас многими духовными дарами. Вы готовитесь к открытию церкви, а потому дьявол восстал против вас. Пастор, я думаю, вам лучше оставить затею с открытием новой церкви. У нас сегодня был педагогический совет, многие преподаватели настаивают на вашем исключении из семинарии. Я знаю, что вы не такой, как они говорят, но...»

Козни дьявола. Попытки помешать открытию церкви

Слушая его объяснения, я понял, что не только мой профессор-куратор, но и мой пастор имеют на мой счет некоторые предрассудки. Меня спросили:

- Пастор, это правда, что во время служений в горах вы говорили, будто вы – Христос? Правда, что с вами была женщина и вы позволяли ей возлагать руки на пасторов?

- Я никогда не говорил, что я – Христос. Я никогда не позволял никаким женщинам возлагать руки на пасторов.

Во время служений, когда я молился над людьми, было много исцелений. Один из моих сокурсников, позавидовал и стал рассказывать обо мне всякие небылицы, вроде: «Пастор Джей Рок Ли своими действиями производит распри и расколы».

За очень короткое время распространились совершенно немыслимые слухи. Более того, профессора, которые четыре года учили меня, приняли решение исключить меня из семинарии только на основании слухов, которые до них дошли, и не потрудились даже выслушать меня самого! Но я не стал ходить по людям, доказывая свою невиновность. Я чувствовал, что ситуация не из легких, но, когда я молился Богу, Он повелел мне благодарить, радоваться и молиться за тех людей с любовью в сердце.

В сентябре начался новый семестр. Когда я пришел в аудиторию, я услышал, как мои однокурсники говорили обо мне. Они сказали, что тот студент, который меня оклеветал, покаялся в своем грехе и решил не продолжать обучение в семинарии. Я сходил к нему и убедил его не делать этого, сказав, что я ничего против него не имею и не держу на него зла. Бог устроил так, что все проблемы постепенно разрешились. Даже мой клеветник пришел к познанию истины. Когда мы открыли церковь, на первое торжественное служение пришли многие профессора – те самые, которые когда-то меня не поняли, и мы вместе праздновали это радостное событие. Выпускной вечер, на котором мы благодарили наших профессоров, тоже проходил в моей церкви.

Ответ от Господа: Церковь «Манмин» - «всего творения»

Поскольку я поступил в семинарию уже в довольно солидном возрасте, я хотел побыстрее открыть церковь. Я был уже немолод и, начиная с первого курса, молился о том, чтобы Бог указал мне название для нее, но ответа все не было. Ответ я услышал совсем незадолго до открытия.

«Назови церковь «Манмин». Когда придет время и ты отправишься в паломничество, ты поймешь, почему Я даю твоей церкви это имя».

Позже, в 1989 году, я отправился в паломничество в Святую Землю. В Гефсиманском саду Иисус молился о том, чтобы все народы обрели спасение, и Его пот превращался в капли крови и падал на землю. В том месте я глубоко осознал, что такое «Церковь для всех народов». Бог послал Иисуса как искупительную Жертву за всех людей, за все народы. Сегодня, в последнее время, Бог хочет исполнить свой замысел, чтобы совершилась всемирная миссия – явить миру Учение Святости, и потому наша церковь названа «Манмин» - «всего творения».

Вначале мы назвали церковь «Манмин»; потом, когда появились дочерние церкви, мы стали называться «Манмин Джунг-анг» («Джунг-анг» означает «центральная»).

Почему вы все так усложняете?

«Пастор, почему вы так хотите открыть церковь? Разве вы не знаете, как это тяжело?» , «Вам придется много лет питаться одной кашей. Неужели вы не хотите, чтобы ваши дети получили хорошее образование? Знаете, как тяжело в наше время собрать верующих?» - «добрые советы» сыпались как из рога изобилия: «А кроме того, вы знаете, как непослушны верующие в наши дни? Оставайтесь в этой церкви и давайте просто работать вместе!», «Пастор, ох и наплачетесь вы, если откроете свою церковь!».

Как много людей пытались меня остановить! Это правда, что многие новые церкви проходят через такого рода трудности. Некоторые пасторы, чтобы построить церковь и вспомогательные здания, вынуждены брать кредиты. Но потом, когда церковь не растет так быстро, как предполагалось, они оказываются в долговой яме. Многие потом становятся жертвами отчаяния и ощущают полную беспомощность. Но я верил во Всемогущего Бога, и мое сердце даже не дрогнуло. Я не спорил с теми, кто давал мне советы по одной причине: я не хотел, чтобы им стало стыдно. Я просто говорил сам себе: «Я открою церковь, и она будет процветать, и не будет никаких трудностей. Многие души обретут спасение, и церковь будет расти. И мы воздадим славу Богу».

Я полагался на обетование Божье, записанное в Фил. 4:13: *«Все могу в укрепляющем меня Иисусе Христе».* В Матф. 9:29 сказано: «...по вере вашей да будет вам». А из Матф. 13: 8 я узнал, что, когда мы сеем, Бог даст нам пожать в 30, 60 и 100 раз больше посеянного. Посмотрите на возлюбленных Богом мужей: Господь был с ними; Моисей и Павел сами казались людям богами (Исх. 7:1; Деян. 14:11).

Если Бог с нами, для нас нет ничего невозможного. Я верил в это. Я верил, что я Божий слуга, и, если я буду молиться и следовать Его воле, Бог ответит мне и Сам позаботиться обо всех материальных нуждах, о месте, о работниках для церкви. Я верил в то, что я все могу в укрепляющем меня Господе, и мне было видение. Я молился потом об этом видении и исповедал его своими устами.

Повинуясь водительству Духа Святого

В мае 1982 года под палящим солнцем Бог сказал мне, что я открою церковь. Он повел меня в Шиндейбанг, в сеульском районе Донгьяк. Я никогда раньше даже не слышал об этом месте, и, чтобы найти дорогу, мне приходилось то и дело справляться у прохожих. В то время этот район был не очень развит, и там было совсем мало зданий и машин.

В этом месте находился участок земли площадью в 900 квадратных футов, который сдавался за 150 000 вон в месяц (что составляло примерно 150 долларов), и требовалось внести страховой взнос в размере 3 миллионов вон (3000 долларов). При подписании контракта владелец снизил арендную плату до 120 000 вон.

Бог приготовил деньги, необходимые для открытия церкви

Бог руками дьякониссы Эйджи Ан дал нам деньги на открытие церкви.

Ее сын попал в аварию и получил 3 миллиона вон в качестве компенсации. Эти самые деньги она и собиралась пожертвовать на строительство церкви. Но ее неверующий муж решил потратить эти деньги на другие цели, и это тяжким грузом легло на ее сердце. Она знала, что все еще должна пожертвовать на церковь эти 3 миллиона. Она познакомилась с моей семьей и присоединилась ко мне, когда я открывал церковь.

Мебельная фабрика ее мужа терпела убытки, и ее дом был отдан под залог. Не рассчитайся они с долгами – и дом продали бы с молотка по ничтожно низкой цене. Тогда они решили продать дом за 20 миллионов вон (20 000 долларов), но никто не хотел даже смотреть на него. Они снизили цену до 15 миллионов, но желающих купить эту недвижимость все равно не было. Тогда слово Бога было к дьякониссе Эйдже Ан на молитвенном собрании в горах Амгак:

«Держи трехдневный пост; потом выстави свой дом на продажу и подними цену настолько высоко, насколько дерзнет твоя вера, и увидишь, что совершит Господь. Из той суммы, что ты выручишь, пожертвуй 3 миллиона на строительство церкви».

Они выставили дом на продажу – тот самый, который столько лет никто не хотел покупать. Они были уверены, что, если они еще и поднимут цену, агенты по недвижимости их просто поднимут на смех. Дьяконисса Эйджа Ан хорошо обдумала свое решение и подняла цену на 3 миллиона вон. Таким образом, она хотела получить за дом 18 миллионов. Агенты по недвижимости были просто в шоке.

Но, когда она шла домой из агентства, один человек пошел с ней посмотреть ее дом. Он сказал, что наконец нашел то, что так долго искал, и подписал контракт на 18 миллионов.

Дьяконисса сожалела о том, что не продала дом за 20 миллионов вон – она могла бы назначить эту цену, если бы у нее было больше веры. Бог сделал так, что ее дом, который не продавался столько лет, был продан за такую высокую цену. Она сумела оплатить все долги своей семьи и пожертвовала деньги на строительство церкви.

Сердечное покаяние за упование на людей

Готовясь к открытию церкви, я ожидал, что по меньшей мере 40 человек будут рядом со мной в этом служении. Я думал, что они будут посещать церковь просто потому, что они хорошо меня знают и любят меня. Но на деле все оказалось по-другому. 25 июля 1982 года мы решили открыть церковь. Неожиданно для меня никто из тех, кого я ожидал, не пришел на служение. Когда я увидел, что сестры, которые обещали прийти, не явились на торжественное служение, я понял, что это Бог остановил их. Бог хотел, чтобы я не полагался на людей. Я молился: «Господи, благодарю тебя за то, что Ты дал мне увидеть, что я полагаюсь на людей. Пожалуйста, прости меня за то, что я уповал на людей. Теперь я увидел Твою волю. Я больше не стану полагаться ни на кого из людей, я буду уповать лишь на Тебя и все делать с молитвой».

После того как первое служение завершилось, я понял, что во мне все еще есть желание доверяться людям, и я искренне покаялся перед Богом в этом грехе. Я молил Бога, чтобы Он послал людей в церковь, и в храм каждую неделю приходили все новые люди.

Начиная с нуля

Девять взрослых и четверо детей

Когда мы проводили первое служение, здание еще не было достроено. Не было подоконников, не было кафедры, пол был голый. Мы ширмой разделили пространство на две части. Одна использовалась как жилая комната для моей семьи, а другая – как храм и комната для молитвы. На первом служении было 9 взрослых и четверо детей, включая членов моей семьи. Я говорил проповедь на тему «Вера – самое великое богатство». История церкви «Манмин Джунг-анг» началась с нуля. Церковь только что открылась, у нас не было денег, а расходов было множество. Но я никогда не просил взаймы ни у своих родственников, ни у кого-то еще. Я только молился Богу. Я был готов голодать, если Бог мне не даст потребного для жизни. Но, когда моей семье было нечего есть, Бог таинственным образом давал нам еду через чьи-то руки.

Совместная молитва по 5-6 часов в день

После первого служения еженедельные сборы составляли от 30 до 40 тысяч вон, и этих денег не хватало даже на оплату аренды. Четыре-пять членов церкви собирались вместе и молились по 5-6 часов в день, истекая потом от жары. Так как церковь была крохотная, мне некого было посещать. В Иер. 33:3 сказано: *«Воззови ко Мне, и Я отвечу тебе; покажу тебе великое и недоступное, чего ты не знаешь».* Когда мы вопияли к Богу в молитве, Он посылал верующих в нашу церковь и давал нам все необходимое для жизни.

«Боже, нам нужен микрофон»

Мы молились об этом неделю, и в церкви появился микрофон. На следующей неделе мы поняли, что нам нужен телефон, и мы молились об этом, и молитва была услышана. По пятницам проходили всенощные служения, и Бог являл Свою мощь. Члены церкви, которые посещали эти служения, обретали благодать Божью и жертвовали в церковь то, что было необходимо. Так у нас появились занавески, кафедра, пианино, вентиляторы и даже крест на крыше. Спустя два месяца после открытия церкви у нас было все, что нужно.

В Деяниях сказано, что Божьи служители должны пребывать в Слове и в молитвах. Я отдал все хозяйственные вопросы в руки членов церкви, чтобы сосредоточиться только на чтении Писания и на молитве. Я тогда еще не очень хорошо знал Библию, но, вдохновляемый Духом Святым, делился своим пониманием воли Божьей на пятничном всенощном служении и на воскресном служении.

Я был не очень хорошим оратором, но слушатели обретали

жизнь и веру, потому что мои проповеди были чистыми и духовными. Дела не противоречили словам. Те, кто слушал меня, поступали в жизни по вере и получали ответы на свои молитвы, потому что имели веру. Со дня открытия Бог еженедельно приводил к нам новых людей, которые обретали новую жизнь, слушая мои проповеди. Чудеса, которые Бог творил на пятничных всенощных служениях, наполняли братьев и сестер благодатью, и вера их возрастала.

Находя ответы в Библии

Первые церкви создавались апостолами, которые учились у Самого Христа; они соблюдали волю Божью, и Бог благоволил им и прилагал спасаемых к церквям. Первые церкви стали для меня примером для подражания. Лучшая церковь – это не та, у которой хорошее здание или много членов; это церковь, которая похожа на церковь первых христиан. Если мы следуем примеру первых церквей, которые искали Божью волю и стремились угодить Господу, Бог благословляет нас, давая церкви постоянное обновление.

«Был же страх на всякой душе; и много чудес и знамений совершилось через Апостолов в Иерусалиме. Все же верующие были вместе и имели всё общее. И продавали имения и всякую собственность, и разделяли всем, смотря по нужде каждого. И каждый день единодушно пребывали в храме и, преломляя по домам хлеб, принимали пищу в веселии и простоте сердца, хваля Бога и находясь в любви у всего народа. Господь же ежедневно прилагал спасаемых к Церкви» (Деян. 2:43-47).

Беря пример с первохристианских церквей, члены которых старались ежедневно собираться вместе в храме, мы каждый день проводили молитвенные служения, несли людям Слово Божье, принимали хлеб любви, который есть Слово Божье (Ин. 6:48), и претворяли это Слово в жизнь. Бог был с нами, являя Свои знамения и чудеса; ежедневно приходили новые члены, и церковь росла очень быстро.

Полагаясь только на Слово

После того как мы открыли церковь, нам приходилось экономить каждую монетку. Но я знал, в чем заключен секрет получения благословений – о нем говорится в Лк. 6:38: «...*давайте, и дастся вам: мерою доброю, утрясенною, нагнетенною и переполненною отсыплют вам в лоно ваше; ибо, какою мерою мерите, такою же отмерится и вам*». Я делал все возможное, чтобы помогать нуждающимся, как говорит Библия.

В то время членами нашей церкви были 10 студентов семинарии, и мы должны были им помогать. Было нелегко оплачивать даже аренду помещения, которая составляла 120 000 вон (120 долларов). Через пару недель после открытия церкви нам удалось собрать кое-какие пожертвования, и мы имели веру в то, что Бог нас благословит, и отправили часть этих денег другим церквям нашей деноминации. После первого служения каждый член церкви дал обет пожертвовать 1 миллион вон (1000 долларов) на здание семинарии той деноминации, к которой мы принадлежали. Мы делали все возможное, чтобы стать церковью, которая, полагаясь на Слово Божье, помогает другим.

«Вы не уверуете, если не увидите знамений и чудес»

Организационное служение

Когда я молился, готовясь к организационному служению, мне было слово от Бога: «Проведите служение тогда, когда созреет весь урожай на полях, перед первыми морозами». Итак, мы решили провести организационное служение 10 октября 1982 года. К этому времени в церкви уже было 100 членов. Бог прислал в нашу церковь много новых людей, и здание уже не вмещало всех. На пятничные всенощные служения собиралось больше 100 человек, и мы размещались на 540 квадратных футах, так что люди находились в молитвенных кабинках и на лестнице. После этого служения нам пришлось арендовать еще и подвал.

Я молился о наступающем Рождестве, и Бог послал нам много талантливых людей, чтобы мы смогли поставить даже рождественский спектакль, так что праздник удался на славу. Бог послал нам актрису, которая хорошо танцевала. Она

Богослужение основания церкви

учила танцам и движениям рук детей в воскресной школе. Вскоре члены церкви сами, без посторонней помощи, начали готовить церковные праздники. В то время мне приходилось проповедовать до 10 раз в неделю на различных служениях, включая молитвенные собрания на рассвете. Моя учеба в семинарии приближалась к завершению, и я не пропускал ни одного занятия. Летели слухи, что в нашей церкви происходят исцеления, и к нам съезжались больные со всей страны, так что мне приходилось молиться за них много раз в день.

Перемены в семье

Юнгсук Ким до того, как пришел к Иисусу, был горьким пьяницей. У него начался непрекращающийся кашель, и он пошел в больницу. Ему поставили диагноз: туберкулез лимфатической системы. Требовались срочная операция и больше года восстановительный период, но такой роскоши он себе позволить не мог.

Его жена страдала от воспаления мочевого пузыря, которое началось как осложнение после родов. Она была настолько измучена, что совершила даже попытку самоубийства, но, к счастью, выжила. В октябре 1982 года Юнгсук Ким услышал о нашей церкви и решил стать ее членом. Он дал Богу обет – держать десятидневный утренний пост и молиться на рассвете. У него постоянно была высокая температура, и кашель не отступал. Но видя, как много людей вокруг получают исцеления, он тоже верил в то, что и он может быть исцелен. Я много молился о нем. На 10-й день температура спала и кашель прекратился. Он был уверен в своем исцелении, которое потом подтвердили и врачи. Они подтвердили, что у него больше нет туберкулеза. Огонь Святого Духа полностью исцелил его. Вскоре его жена тоже стала членом нашей церкви и была исцелена от своего недуга. Их дочь тоже выздоровела. Юнгсук Ким стал изучать богословие, прославляя Бога за Его благость. Сегодня он несет служение пастора.

Пятничное всенощное служение и удивительные библейские знамения

На то служение приехали люди со всей страны. Оно стало поистине служением межденоминационным. Маленький зал был забит людьми. Было настолько жарко от присутствия Духа Святого, что потолок покрылся капельками влаги. Верующие горячо славили Бога в молитве; служение началось в 11 часов вечера и длилось до 6 часов утра. Мы были свидетелями того, как все больше людей получает исцеление во время этих служений: больные исцелялись, поднимались на ноги, ходили и прыгали от счастья, и все больше и больше людей приезжало к нам.

Те, кому врачи уже вынесли смертные приговоры, получали исцеление, как только приходили в церковь; те, кто приходил на костылях, начинали уверенно ходить и прыгать от счастья. Слепые обретали зрение, немые начинали говорить, женщины, которые долгое время не могли зачать ребенка, беременели. Один человек, у которого был перелом руки, после служения смог свободно ею двигать.

Исцеление больной лейкемией

Как-то ко мне пришла женщина с ужасно бледным лицом. Она пришла, чтобы я помолился о ней. Ее врач сказал, что жить ей осталось дней пятнадцать. Вот что я узнал о ее жизни. Она с детства была христианкой, посещала воскресную школу. Ей сделал предложение молодой человек, который был неверующим. Она сказала ему, что выйдет замуж только за христианина. Тогда он стал членом церкви и какое-то время посещал собрания.

Девушка думала, что ее супруг станет примерным христианином, но через несколько месяцев свекровь заставила ее поклоняться Будде: «Наша семья – семья буддистов вот уже много поколений. Ты тоже должна стать буддисткой». Она не поддавалась уговорам свекрови, но муж присоединился к своей матери и стал запрещать ей ходить на служения в христианскую церковь. Он бил и всячески притеснял ее: что бы ни происходило в семье, она была виновата во всем. Ее много раз попросту выкидывали из дома, но она все переносила. Но после того, как у мужа начался роман с другой женщиной, она сломилась и перестала ходить в церковь. Она знала, что поступает неправильно, и ею овладело отчаяние. Вскоре она заболела лейкемией. Хоть она больше и не ходила в церковь, муж все так же ее бил, и роман на стороне не прекращался.

Ни муж, ни свекровь никак не реагировали на то, что она серьезно заболела. Когда в больнице ей сказали, что она больна неизлечимо, когда она услышала фактически свой смертный приговор, она узнала о существовании нашей церкви, пришла к нам, чтобы я помолился за нее, она пришла в своей последней надежде на Бога. И Бог исцелил женщину. Через какое-то время она пришла ко мне здоровая, с сияющим лицом.

Два рода знамений

Иисус исцелял больных и воскрешал мертвых. Он на протяжении своего земного служения совершал много чудес. Вот Его слова: *«Вы не уверуете, если не увидите знамений и чудес»* (Ин. 4:48). Чудо – это дело Божье, когда происходит быстрое изменение погодных условий. Во времена Иисуса Навина солнце остановилось посреди неба во время сражения в Гаваоне (Иис. Нав. 10:13). Исаия когда-то воззвал к Господу, и солнечная тень отступила назад на десять ступеней (4 Царств. 20:11), а три волхва шли в Вифлеем, следуя за движущейся звездой (Мф. 2).

Знамения – это дела Божьи, которые оставляют видимый след и при которых есть свидетели. Иногда в знамениях главную роль играет Бог Отец (я говорю о ветхозаветных знамениях и о том, о котором повествует Книга Откровения 15:1). В Марк. 13:22 сказано: *«Ибо восстанут лжехристы и лжепророки и дадут знамения и чудеса, чтобы прельстить, если возможно, и избранных».* Этот стих говорит: «... если возможно...», подразумевая, что на самом деле такое невозможно: лжепророки не могут совершать знамений, но, «если возможно», они будут пытаться обманывать людей, и даже избранных. Примерами знамений, которые являл Бог Отец, могут служить 10 казней египетских (Втор. 6:22), пламень, который поднимался от жертвенника к небу (Суд. 13:19-20).

Есть и другие знамения, совершаемые Господом и Святым Духом вместе; их цель - оставить какой-то след после себя. Такие знамения мы находим, главным образом, в Новом Завете. Примерами знамений, которые совершал Иисус, могут быть превращение воды в вино на браке в Канне Галилейской, исцеления больных и воскрешения мертвых, возвращение зрения слепым, слуха – глухим, речи – немым. Эти чудеса не могут совершаться людьми (Ин. 6:2). Иисус после проповеди Слова Божьего совершал чудеса, чтобы свидетели таковых поверили в истинность Его слов. Да, конечно, гораздо большее благословение в том, чтобы поверить, не видя чудес, но нелегко верить, если не видишь! Грех властвует, и сердца человеческие упрямы, и трудно людям иметь истинную веру. Сегодня, чтобы спасать людей, нести Благую весть, нужны чудеса и знамения.

«Уверовавших же будут сопровождать сии знамения ...»

Некоторые верующие не верят или, по меньшей мере, находят это странным, когда слышат, что чудеса, описанные в Библии, происходят и в наше время. Кто-то сомневается и рассуждает примерно так: «Я молился, и молился с верой, так почему же Бог не явил мне чуда??».

Иисус сказал совершенно определенно: *«Уверовавших же будут сопровождать сии знамения: именем Моим будут изгонять бесов; будут говорить новыми языками; будут брать змей; и если что смертоносное выпьют, не повредит им; возложат руки на больных, и они будут здоровы»* (Марк. 16:17,18). «Уверовавшие» - это говорится о тех, у кого есть полная духовная вера. В Рим. 12:3 говорится о мере веры. Для всякого семени есть время прорасти, вырасти, расцвести и дать плод. Мы сеем в себе семя веры, и от того, как мы будем за ним ухаживать, зависит, как быстро оно вырастет, как будет расти наша вера. Вот почему каждому дана вера «по мере». По мере того, как мы живем в послушании Слову, работаем над своим сердцем, Бог дает нам полную веру свыше (Евр. 10:22). Итак, если мы дорастаем до полной веры, как той, что в сердце Христа, нас будут сопровождать эти знамения.

Мы будем изгонять бесов именем Христовым и будем говорить на новых языках. «Брать змей» - значит ниспровергать дела сатаны Словом Божьим. Кроме того, те, в ком полная вера, не подвержены болезням и действию микробов, и даже если они случайно выпьют ядовитую жидкость, она не повредит им, потому что Бог сожжет яд огнем Духа Святого. Нечто подобное произошло с Павлом на Мальте, где его укусила ядовитая змея (Деян. 28:5). Но если вы станете искушать Бога и начнете пить яд, зная, что это яд, Бог не защитит вас. Имея полную веру, мы можем силой Божьей совершать исцеления даже неизлечимо больных людей.

Что значит «говорить новыми языками»?

Что Иисус подразумевал под «новыми языками»?

Говорение на иных языках – это дар Духа Святого, и Бог хочет, чтобы его получили все Его чада (1 Кор. 14:5). Обычно мы молимся Богу на своем языке. Это молитва сердца. Но мы можем молиться и на иных языках. Это молитва духа (1 Кор. 14:15).

Когда мы осознаем свою греховность, каемся в грехах и принимаем в сердце Иисуса, Бог дает нам в дар Дух Святой, и во многих случаях мы получаем дар говорения на иных языках – один из даров Святого Духа. Когда мы получаем Дух Святой, наш дух, который был мертв как следствие первородного греха Адама, живущего в нас, оживает. Если мы получаем дар иных языков, наш дух сам молится Богу. Итак, если мы получаем дар говорения на иных языках и молимся на них, мы обретаем больше силы в молитве и наша душа процветает.

Когда я был новообращенным, я всем сердцем молился во время всенощных служений, и когда я начал молиться духом, то есть на иных языках, мои молитвы изменились, я начал петь на иных языках под вдохновением Духа Святого. Когда я пел хвалу на иных языках, мои руки иногда бессознательно поднимались вверх, совершая движения, напоминающие танец. Молитвы мои делались глубже, когда я молился на новых языках. Молитва на иных языках – молитва очень сильная.

Когда я повелел во имя Иисуса Христа

Не искушать Бога даже растениями

Как это изумительно – то, что делал Иисус 2000 лет назад, будучи на земле, может сегодня повторить любой, кто будет молиться с верой! Я тогда был новообращенным и плохо знал Писания, но я много молился о том, чтобы Бог дал мне совершать все те чудеса и знамения, которые совершали пророки и апостолы. При открытии церкви, знамения, которые сопровождают верующих, уже происходили.

Сразу после открытия церкви в 1982 году мы собирали пожертвованиями 30-40 вон (примерно 30-40 долларов) в неделю. Мы хотели украсить цветами алтарь, но у нас не было ни человека, который мог бы это сделать, ни денег, чтобы купить сами цветы. Но в августе кто-то принес в церковь горшок с маленьким деревцем. Оно было единственным украшением, зато очень симпатичным. Но примерно через две недели листочки на нем пожелтели и стали опадать. Мне было жаль, что умирает такое красивое деревце. И я подумал: «Если Бог воскрешает мертвых, ответит ли Он мне, если я помолюсь об этом деревце?». С такими мыслями я возложил руки на деревце и помолился: «Оживи во имя Иисуса Христа!».

На следующее утро, когда я пришел в церковь проводить молитву на рассвете, желтые листочки снова позеленели. Еще через день деревце ожило полностью. Мы все, кто были свидетелями этого чуда, радовались и славили Бога. Я был счастлив от того, что умирающее дерево вернулось к жизни. В сентябре в церковь принесли еще один горшок - с хризантемами. Глядя на цветы, я решил проверить: умрут ли цветы, если я помолюсь об этом? Когда Иисус проклял смоковницу, она засохла. Так что, если я помолюсь и прикажу хризантемам засохнуть, умрут ли они?

Я помолился и приказал цветам умереть, просто ради эксперимента. Но на сердце было тяжело. Когда я молился вечером, я услышал, как Бог сурово меня обличает, хотя никто не был свидетелем того, как я проклял цветок.

«Слуга Мой, даже растение имеет жизнь, дарованную Богом. Как ты мог проклинать его? Ты искушал Меня? Мой слуга, в тебе зло. Нельзя просто так благословлять и проклинать! Ты можешь делать это только по велению Духа Святого!»

Я был так удивлен, что весь покрылся потом. Я сразу же начал трехдневный пост и покаялся в своем грехе. С тех пор, даже когда кто-то преследовал меня, клеветал на меня или проклинал, я не мог ненавидеть их и молиться против них с ненавистью в церкви. Как повелевает Слово Божье, я молился за гонящих меня и благословлял их своей любовью.

Всемирная миссия

«Воззови ко Мне, и Я отвечу тебе, покажу тебе великое и недоступное, чего ты не знаешь» (Иер. 33:3). Придерживаясь этого стиха, я продолжал молиться непрестанно, я боролся с Богом, как Иаков на Иавоке. Я вопиял к Богу в молитве и постился, повинуясь Слову Божьему, я старался жить по Его Слову, и Бог выполнял Свои обещания. Я слышал Его голос, и время от времени Он показывал мне «великое и недоступное». Иногда Он заранее открывал мне, что случится в нашей стране и какие политические события произойдут в мире. Когда мы готовились к открытию нашей церкви, Бог открыл нам, что наша церковь станет исполнительницей всемирной миссии и что нам предстоит построить большой храм для Господа.

После того как Он нарек меня своим служителем, я молился о том, чтобы стать Его служителем, который понесет Евангелие народам и приведет к спасению многие души. Потом Бог возложил на меня мировую миссию, и мне было Его слово: «Ты перейдешь через горы, и реки, и моря, совершая чудеса и знамения». Он возложил на меня также обязанность нести в последние дни мира Благую весть Его избранному народу, Израилю. Бог открыл мне, что Евангелие в конце концов вернется туда, где оно зародилось, и что евреи, которые так долго не признавали Иисуса Спасителем, в конце концов покаются.

Видение о строительстве большого храма

Сразу после того, как мы открыли церковь, у нас происходили исцеления на пятничных всенощных молитвах, и каждую неделю Бог давал дар видения одному из членов. Я лично испытывал, был ли тот дар, который получал кто-то из верующих, даром от Бога. Бог дает нам дары Святого Духа на пользу, но иногда люди получают под видом этих даров дара сатанинские и вместо видений от Бога видят что-то странное. Поэтому мы должны различать духов.

Как-то в сентябре 1982 года Бог показал видение о строительстве большого храма 17 членам церкви. Один увидел, какая будет крыша, другой увидел в видении интерьер, кто-то увидел заднюю часть здания, кто-то видел прекрасные мраморные колонны. В потолке должно было быть в виде креста отверстие, через которое будет поступать солнечный свет. Кафедра храма будет расположена в центре и будет медленно вращаться. Кто-то из членов церкви видел проповедника и полный зал.

Сверяя все эти видения, мы позвали архитектора и сделали план здания с высоты птичьего полета. Даже сегодня на первой странице нашего еженедельного бюллетеня есть этот рисунок. Чтобы воплотить в жизнь эту мечту, которую нам дал Бог еще в начале создания нашей церкви, мы непрестанно молились с верой.

Бог поведал нам, зачем нужен Великий Храм в конце времен и как он будет построен. Такой храм, который станет приносить славу Богу, нельзя построить просто потому, что у нас есть деньги. Бог хочет, чтобы храм был построен Его детьми, горячо любящими своего Небесного Отца, теми, чьи сердца обрезаны и освящены.

Первое возрождение в родном городе

В феврале 1982 года я проводил первое евангелизационное

служение в своем родном городе. Оно проходило в церкви в местечке Хедже, в районе Холла Нам-До в Муане. Но сами члены церкви не пришли на служение. Зато зал наполнили жители деревни.

Ситуация в той церкви была плачевной. В соседней деревне была богатая церковь, и многие жители деревни помышляли о том, чтобы туда перебраться. Пастор маленькой церкви решил провести евангелизационное служение, чтобы удержать своих прихожан, но они не пришли на служение. Причина была в том, что пастор пригласил не известного евангелиста, которого прихожане хотели слушать, а никому не известного, даже еще не рукоположенного пастора по имени Джей Рок Ли.

Уже с первого служения Бог стал совершать великие чудеса. Женщина, которая до этого в течение 10 лет не могла ходить и не спала по ночам из-за болей в костях, слушала проповедь, и вера зажглась в ее сердце. Молитва подняла ее на ноги, она пошла, она прыгала. Эта весть сразу же разлетелась по всей местности, и на следующий день верующие и пасторы из других деревень пришли на наше служение; кто-то преодолел ради этого расстояние в 18 миль. Служение продолжалось в полном зале, и наполнили его люди, которые пришли из самых разных концов той местности.

Была одна женщина, чье тело было согнуто на девяносто градусов. Она ходила, уставившись в землю. Она поддерживала меня, подавая мне горячие напитки во время рассветных служений, служений днем и вечером и даже в холодную погоду. На самом деле мне не нравились ее напитки, но я пил их, думая о тех усилиях, которые она приложила, чтобы их сделать. На последнем служении ее спина полностью выпрямилась. Кроме этого многие люди испытали на себе великие дела Божьи, великие исцеления и воздали славу Богу. Только тогда члены той церкви поняли, что на наших служениях Бог совершает великое, поняли свою неправоту, они извинились перед своим пастором и стали ходить на оставшиеся служения.

Угарный газ, укрощенный именем Иисуса Христа

В те дни почти все дома отапливались с помощью угольных брикетов. Зимой всегда было много несчастных случаев. Каждый день мы узнавали, что кто-то умер или госпитализирован после отравления угарным газом. 12 февраля 1983 года мы проводили пятничное ночное служение как раз накануне Нового года по лунному календарю. Я тогда жил в подвале здания церкви. Там были спальни, жилая комната, комната сторожа и рабочие кабинеты.

Перед началом пятничного служения один молодой человек по имени Сук-ки Пак сидел и думал о том, чтобы вместо воскресного служения пойти встречать с друзьями начало Нового года по лунному календарю. Ему хотелось спать, и он решил немного подремать, а потом вернуться на служение. Он спустился в подвал, где было мое жилье.

Он надеялся подремать самую малость, но заснул надолго. В спальне, в подвале, спали три мои дочери. В зале, площадь которого составляла 540 квадратных футов, находилось 150 человек, так что отдельной детской комнаты у нас не было. Церковь была переполнена людьми.

Небо весь день было затянуто тучами, поэтому газ от сгорания угля не выветривался как следует. Пятничное служение началось в 11 часов вечера, а закончилось в 6 утра.

Молодой человек и три мои дочери находились под действием угарного газа в течение 7 часов. Молодой человек очнулся, но его тело уже было обездвижено, и он не мог пошевелиться. После служения, когда все стали расходиться по домам, сторож первым спустился вниз и увидел, что случилось. Обнаружив их, он закричал: «Они мертвы!». Все сбежались на его крики. Моих дочерей и молодого человека (все они были без сознания) вынесли наверх, в зал. Глаза у них закатились, на губах выступила пена.

Мои дочери еле дышали, а Сук-ки Пак был бездыханен. Его тело уже закоченело. Он практически был уже трупом. Я хорошо знал о том, насколько опасно отравление углекислым газом, но, поскольку я никогда раньше с этим не сталкивался, я и не надеялся их оживить. Это было невообразимо – поверить, что Бог оживит их после моей молитвы. Даже если отвезти их немедленно в больницу, где их вернут к жизни и обеспечат все необходимое лечение, они останутся инвалидами на всю жизнь – физическими или умственными, до конца своих дней будут влачить жалкое «растительное» существование.

Я только что начал свое служение - если кто-то умрет в результате несчастного случая сразу после открытия церкви, как я смогу потом продолжать свое служение пастора? Я не мог так опозорить имя своего Бога. Я поднялся на алтарь и стал молиться: «Боже, Ты Один даешь жизнь и отнимаешь ее. Я благодарен Тебе, что мои дочери сейчас на небесах с Тобой, где нет ни слез, ни печали, ни боли. Но этот молодой человек, член нашей церкви; если умрет он, это ляжет пятном на Твое имя. Верни его к жизни».

После того как я вознес Богу хвалу в молитве, многие

члены церкви, преклонив колени, тоже стали молиться Богу, прося Его оживить моих дочерей и молодого человека. Я первым подошел к нему, возложил на него руку и помолился: «Повелеваю именем Иисуса Христа: угарный газ, выйди из этого человека! Отец, оживи его дух и прославься в этом!». Помолившись над молодым человеком, я стал молиться над своей младшей дочерью, Суджин. Когда я молился за нее, молодой человек вдруг встал и сел рядом со скамьями хористов. Он, казалось, ничего не помнил, кроме того, что заснул внизу. Когда я молился над средней дочерью, в сознание пришла Суджин и села рядом с нами. Не прошло и минуты после молитвы, как все три дочери очнулись. Члены церкви, которые видели все происходящее, горячо хвалили Бога. Потом молодой человек рассказал, что его дух, покинув тело, наблюдал с высоты за всем происходящим. Он видел, как сторож отнес его тело наверх и как я молился за него.

Угарный газ разрушает клетки головного мозга, было очевидно, что все они, вдыхавшие его в течение 7 часов, должны были умереть. Даже если бы их успели довезти до больницы, даже если бы они выжили благодаря врачебной помощи, они бы жестоко страдали от последствий этого отравления. Но Бог исцелил их, Бог избавил их от влияния угара и от всяких последствий. Молодой человек и три мои дочери остались жить полноценной здоровой жизнью. Когда меня постигло это испытание, я полагался только на Бога и не думал полагаться на мир. Пройдя это испытание со словами благодарности на устах, я понял, что Бог дал мне силу и власть повелевать и контролировать даже безжизненные субстанции, такие, как угарный газ.

Позже Бог научил меня изгонять из тела человека угарный газ. Поскольку он парализует мозг и нервные окончания по всему телу, человек сначала теряет сознание, а потом тело становится обездвиженным. Бог научил меня так молиться над теми, кто подвергся действию угарного газа: «Я повелеваю, во имя Иисуса Христа, выйди через ноздри, рот и оба уха, покинь все клетки». Газ, парализовавший все тело, повинуется этому приказу и быстро покидает организм человека.

Не десять ли очистились?
Где же девять?

Я молился за членов церкви, и Бог открывал мне о них нечто

Первые два года после открытия церкви я сам навещал членов церкви и заботился обо всех. Когда кто-то не приходил на воскресное служение или у кого-то были разного рода сложности и неурядицы, я постился и ночами молился за своих братьев и сестер, каялся за них в слезах. Многие верующие жили довольно далеко от церкви. Кроме того, большинство из них жили очень бедно, были жертвами банкротства и находились в отчаянии.

Пока счет членов церкви шел на сотни, я видел, кого нет на служении. Я молился с постом за этих людей, а когда мне было трудно навещать их самому, я посылал к ним своих помощников от своего имени. Я делал все возможное, чтобы не потерять ни одну душу, которую вверил мне Бог.

Совет с любовью

Иногда я с любовью давал своим прихожанам советы или указывал им на их недостатки - моим желанием было, чтобы они могли измениться и расти в вере. Кода я переживал за кого-то из членов церкви, я молился о нем в течение примерно 10 минут, и Бог показывал мне, что за проблемы одолевали этого человека – в семье или на работе.

Как-то в воскресенье один член церкви, который никогда не пропускал служения, не пришел, и я не мог не начать переживать за него. Я молился: «Господь! Этот брат не пришел на служение. Что с ним случилось?». Бог показал мне, что этот христианин провел воскресный день в баре. Спустя какое-то время я рассказал этому человеку, что видел, где он был во время служения. Я был уверен, что он не будет на меня в обиде и это не станет для него преткновением. Он покраснел, но признался, что действительно был в баре.

Был еще один брат, который был на утреннем служении, но не пришел на вечернее. А он тоже был из тех христиан, которые никогда не нарушали День Господень. Когда я молился о нем, Бог показал мне, как тот выпивает на чьей-то свадьбе. Спустя несколько дней я сказал ему: «Человек, одетый так-то и так-то, несколько раз предлагал тебе выпить. Ты пару раз отказался, но в конце концов выпил». Он покраснел, ему было ужасно стыдно.

В таких случаях я чувствовал, что члены церкви, которые совершали грех, боялись и избегали меня. Когда я видел, как христиане совершают грех, обманывают, предаются похотям и прелюбодеяниям, мое сердце разрывалось на части, и я в слезах молился Богу.

Однажды во время молитвы Господь заговорил со мной:

«Не смотри на то, что происходит с членами твоей церкви сегодня. Смотри на них глазами веры, ожидая, что они изменятся в будущем. Если они обманывают тебя, просто слушай и не пытайся докопаться до истины. Если ты будешь смотреть только на то, что они собой представляют сегодня, твое сердце будет разбито, твоя душа будет скорбеть, твое здоровье пошатнется и ты не сможешь выполнять то, к чему ты призван».

С тех пор я все предал в руки Божьи и перестал молиться, прося Его открыть мне тайные дела членов моей церкви.

Люди приезжали в нашу церковь со всей страны – не только чтобы получить исцеление; были и те, кто искренне жаждал услышать Слово жизни. Были те, кто служил Господу, посвящал себя Ему в надежде на небесные награды после своего исцеления и разрешения своих проблем; но были и те, кто, исцелившись, возвращался в мир и продолжал поиск своей выгоды.

Отринуть идолопоклонство и выйти на свет

Киёнгсун Пак была из семьи, в которой практиковалось идолопоклонство. У ее свекрови была слабоумная дочь, и она, по меньшей мере, раз в месяц проводила сеанс экзорцизма, пытаясь вылечить свою дочь. Весь дом был уставлен амулетами и увешан заклинаниями. Они были везде – на предметах мебели, на подушках и даже на потолке. Они были в каждом углу ее дома.

Спустя короткое время после открытия церкви я пришел в

это дом, чтобы провести домашнее служение. Я почувствовал, что в доме живут демонические силы, и сказал Киёнгсун:

- У тебя, должно быть, еще остались в доме амулеты.

Она ответила:

- Нет, пастор. Я все выкинула.

И я снова сказал:

- В этом доме демон, и он не уходит. Должны быть амулеты. Отыщи их и сожги.

Когда она перевернула весь дом, то нашла еще кое-какие амулеты. Вся семья выбросила своих идолов, пришла в церковь и стала жить христианской жизнью. Киёнгсун Пак получила исцеление от своего кардиологического заболевания, от которого она страдала долгое время. Ее свекровь также исцелилась от болезней желудка.

Молодой человек с неизлечимой формой туберкулеза

В то время было много людей, страдающих туберкулезом легких. Дайхи Чо из Кванджу заболел туберкулезом еще в старших классах школы. Он принимал лекарства, которые ему выдавали в общественном центре здравоохранения, и выздоровел. Поступив в колледж, он начал пить и курить, и болезнь снова дала о себе знать. И на этот раз никакие лекарства не помогали. Его мать находила все новые и новые «действенные средства», но все было без толку. Этими «чудо-лекарствами» были змеи, кошки, свежая печень, человеческие экскременты и даже лекарство от проказы. Они проводили сеансы изгнания бесов, кормили его снадобьем из амниотического мешка, даже добывали на кладбище трупную плоть, потому что кто-то сказал, будто это хорошее средство.

В январе 1982 года он был госпитализирован в больничное

отделение университета «Йонсей». Легкого уже почти не было, равно как и надежды на исцеление. Его положили в больницу, но перспектив на выздоровление не было никаких. Его мать перестала бороться и хотела забрать его из больницы. В то самое время к нему в больницу пришла его бабушка – навестить внука. Она жила возле церкви «Манмин». Хоть она сама и не ходила в нашу церковь, она была свидетельницей того, как многие люди приходили к нам и уходили исцеленными. Она видела, как те, кто еще вчера не мог двигаться, ходил на своих ногах здоровый. Вот почему она уговорила внука прийти в церковь «Манмин». 13 марта 1983 года Дайхи Чо пришел на пятничное служение. Он понимал, что это была его последняя надежда. Он был настолько худым, что глаза чуть ли не вываливались.

Он вместе с матерью приходил в течение нескольких дней на служения для больных и постился. На третий день поста Бог дал ему дух покаяния, и он трижды полностью и всецело покаялся перед Господом. На тринадцатый день, считая с первого дня, когда он пришел в церковь, Дайхи Чо понял, что полностью исцелен. После рассветного служения он пошел в туалет и сплюнул. Крови не было. Еще накануне у него было кровохарканье. Но в тот день крови в слюне не было. Острая боль в груди ушла, не было ни крови, ни мокроты. Позже Бог призвал его на служение, и он стал помощником пастора в нашей церкви.

Я молился об исцелении всех больных

Сначала, когда больные приходили в церковь, я молился об их немедленном исцелении. Я думал, что для них лучше всего увидеть Божью благость и немедленно освободиться от ярма недугов. Я просто говорил Богу: «Господи, исцели всех больных, как только они придут в церковь!». Бог на самом деле отвечал на мои молитвы. Все больные, кто приходил в церковь, получали исцеление. Но вскоре я понял, что нет плодов спасения, а это ведь самое важное. Многие оставляли Бога, получив исцеление.

Была одна супружеская пара, которая посетила наше пятничное служение. Я узнал, что супруг повредил сухожилие при аварии. Он не мог нормально ходить. Боль была настолько сильной, что он не мог даже сидеть во время служения. Дух Святой побудил меня возложить на него руку и помолиться. Сразу же после молитвы он встал на ноги и стал прыгать. Но через пару недель он перестал приходить в церковь. Он решил, что не стоит больше ходить на служения, коль он и так полностью выздоровел.

Если бы Бог его не исцелил, он был бы не в состоянии ходить. Бог дал ему жизнь, и милость, и исцеление, но в этом мужчине не было Слова жизни, и он искал только своего.

У одной супружеской пары ребенок родился недоношенным, на седьмом месяце. Его поместили в специальный инкубатор в больнице на 3 месяца, но состояние младенца оставалось тяжелым. Врачи сказали, что надежды нет. Когда родители поняли, что медицина не в силах им помочь, они принесли ребенка в церковь. Мы молились за это дитя, и через 15 дней ребенок был абсолютно здоров.

Отец ребенка пообещал:

- Пастор, спасибо вам большое! Когда ребенку исполнится годик, мы пригласим на день рождения вас и всех членов церкви!

- Договорились!

Но потом этот мужчина стал пропускать воскресные

служения, а когда ребенку исполнился годик, он действительно отметил эту дату, но не с церковью, как обещал, а со своими родственниками и влиятельными людьми, которых он посчитал нужным позвать к себе в дом.

Один молодой человек из Канг-вон До был совершенно здоров, только вот любил похвастаться. Но, слушая проповеди в церкви, он пришел к покаянию. Я молился, чтобы изгнать из него демонов, и во время молитвы у него изо рта пошли пузыри, и он упал навзничь. Когда демон был изгнан из его тела, он стал нормальным человеком с мягким характером. Потом он вернулся в свою церковь, и мы его больше не видели.

Помню одну пожилую женщину, которая потеряла зрение и была почти слепа. Когда она услышала о нашей церкви, родственники привели ее к нам, и она вновь обрела зрение. Но вскоре после исцеления все они покинули церковь.

И впредь не греши...

В Ин. 5:14 мы читаем, как Иисус сказал человеку, получившему исцеление, такие слова: «...*вот, ты выздоровел; не греши больше, чтобы не случилось с тобою чего хуже*».

Бог исцелил этих людей Своей любовью и властью, и отныне они должны были жить по Его Слову, благодарить Его за благость, проявленную к ним. Но если люди снова начинают грешить, как будет Бог защищать их? Бог должен отвратить свое лицо от такого человека, оставить его, и тогда усилиями сатаны человек получает вновь свои болезни, подчас в более серьезной форме, – ведь он ушел от благодати Божьей.

Мы находимся под защитой, пока пребываем в Слове

Вот что произошло в ноябре 1982 года. В ту ночь наше пятничное служение длилось до шести утра. После полуночи в церковь пришла супружеская пара: они несли на руках девочку лет пяти. Девочка плакала не в силах справиться со своей болью – у нее был рак поджелудочной железы.

Доктора пробовали ее оперировать, но опухоль была таких размеров, что они уже ничего не могли сделать. Опухоль росла в животе, поэтому накладывать швы было опасно, и врачи едва зашили рану каким-то подобием шва. Выглядело это все просто ужасно.

Девочку звали Уонми. Несколько раз в день ей давали морфий, это была единственная возможность хоть чуть-чуть облегчить ее страдания. Уонми умирала с кислородной маской на лице. Тетя, сестра отца, уговаривала родителей: «В Сеуле есть церковь, где проявляется благодать Божья. Давайте пойдем туда и попросим за нее помолиться! Бог исцелит Уонми». У родителей не оставалось уже никакой надежды, они полностью сдались, а потому послушали ее увещевания. Они взяли Уонми и приехали к нам в церковь.

Я молился за девочку на протяжении 15 дней. После первой молитвы ее боль ушла. Через пару дней исцеление было уже заметно. Ушла боль, и опухший живот стал обычных размеров. Тогда у ее родителей появилась вера. Я советовал им снять швы в больнице, но они не пошли туда, а сами сняли швы с верой. Удивительным образом через пару дней открытая рана затянулась и зажила.

Уонми, умиравшая от ужасной боли, была здорова уже через 10 дней. В воскресной школе она научилась петь и танцевать во славу Бога вместе с друзьями. Те, кто ее видел, не мог не чувствовать радости. Она была очень умной девочкой, и многие члены церкви ее любили.

Они остались в церкви еще на 15 дней, и мы молились за нее, а потом они вернулись в родной город. Я молился за ее родителей, и мне было слово от Господа:

«Когда они вернутся домой, они должны жить, соблюдая Десять заповедей, и тогда их дочь будет расти здоровой. Но если они поступят иначе, Я отверну от них Свое лицо».

Я сказал им: «Вы должны чтить День Господень, отдавать десятину, верно служить Богу. Вы должны соблюдать Десять заповедей, чтобы ваше дитя оставалось всегда здоровым». Отец Уонми сказал: «Благодарим вас, пастор. Конечно, мы должны. По-моему, у вас в церкви нет большого автобуса. Я вернусь домой и пришлю вам автобус для вашей церкви».

Вскоре я услышал, что девочка умерла. Родители Уонми сначала посещали поместную церковь, но прошло время, и они перестали чтить День Господень. Но надо быть благодарными за то, что дух Уонми был спасен, и она счастлива в Царстве Небесном, где нет слез и печали.

Бог исцелил их по их вере

Мое служение только начиналось, и мне всякий раз было больно видеть, как люди уходят от Бога, забывая о Его благодати, оставляют церковь и возвращаются в мир.

«Отец, они встретили Тебя, они познали твою власть, они получили исцеление; как же они могут просто взять и уйти от Тебя?» - кричал я Богу в слезах с разбитым сердцем. Однажды я услышал Его голос:

«Слуга Мой, когда Я исцелил 10 прокаженных, девять ушли прочь, и только один вернулся, чтобы воздать славу Богу. Когда ты просишь об исцелении людей, в которых нет веры, нет жизни, ты просишь об этом в своей вере: а потому они забывают о Моей благости и уходят из церкви. Если они будут слушать Слово, если в них будет вера, они не уйдут. Если они будут исцелены по своей вере, они не вернутся в мир. Но ты молился, и Я исцелял их по вере твоей. Теперь ты должен молиться по-другому: молись, чтобы они получали исцеление по своей вере, а не по твоей».

Главная цель христианского хождения – это спасти дух и наследовать Царство Небесное. Самое важное для нас – знать волю Отца, иметь веру, чтобы войти в Его Царство. Когда Иисус исцелил десять прокаженных, только один из них вернулся, чтобы воздать славу Богу (Лк. 17:11-19). Другие девять оставили Бога и вернулись в мир. Только один был спасен.

Люди приходят в церковь со своими болезнями и проблемами; они посещают собрания, слушают проповеди, познают волю Божью, обретают веру и новую жизнь. Это воля Бога – дать им исцеление, когда они получают Духа Святого, верят в рай и ад, имеют спасительную веру. Если они получают исцеление не по вере, большинство из них, кроме тех, у кого очень чистая совесть, возвращаются в мир. Они не будут спасены в конце. С тех пор я стал молиться по-другому: «Боже, исцели их по вере их». И Бог являл свою силу, когда люди имели веру в Него.

Вера, управляющая погодой

1 августа 1983 года мы поехали отдыхать на остров Дайбу возле Инчона. Накануне ночью начался грозовой ливень. Судно на остров ходило только раз в день, и я просил Бога: «Господи, как же мы отправимся в такой дождь? Пожалуйста, останови его!».

Мы должны были отправляться в 5 часов ночи от церкви, поэтому некоторые студенты, которые жили далеко от церкви, в ту ночь остались ночевать в ней. Я хотел поспать, но не мог уснуть из-за грозы. Я ворочался в постели не в силах уснуть. Я продолжал молиться в своем сердце, и примерно в три часа ночи я услышал голос Духа, Который повелел мне не беспокоиться. Я поднялся в зал примерно в 4 часа ночи, чтобы начать рассветное молитвенное служение: там уже собрались некоторые взрослые члены церкви. Молитва закончилась в 4.55, а гроза стала только еще сильнее. Молния сверкала, гром гремел, и дождевые капли барабанили по стеклам.

Я сказал:

- Давайте вместе молиться, чтобы дождь перестал!

У всех была вера, потому что церковь была свидетельницей великих чудес, которые Бог совершал на пятничных служениях. Мы молились пару минут, но гроза не прекращалась.

Я услышал: «*Не беспокойся. Берите вещи и спускайтесь вниз. Когда кто-то ступит на землю, дождь прекратится*».

Когда я смело об этом объявил, все ответили: «Аминь». Все стали спускаться вниз. Когда первый из идущих ступил на землю, дождь вдруг резко прекратился, грозы как не бывало. Этим случаем Бог даровал нам огромную веру.

Объяснение трудных мест Писания. «Слово о Кресте»

После того как была открыта наша церковь, меня часто приглашали выступать на служениях. Я проповедовал Слово, чтобы в каждом слушателе посеять веру, дать каждому понять любовь Божью. Я молился за больных, и многие исцелялись. Хромые начинали уверенно ходить, слепые обретали зрение. Многие чудеса происходили. Бог говорил мне, о чем я должен проповедовать на том или ином служении. Я говорил людям об Иисусе Христе, о Боге Отце, об истинной вере и вечной жизни, о чудесах, о воскресении, о Втором Пришествии Господа, о Царстве Небесном.

Обычно служения шли с понедельника по четверг. Они начинались в 6 часов вечера, а где-то в 7.30 начиналась проповедь. Я обычно говорил до 11 часов вечера или до полуночи, потому что пастор и члены церкви просили меня продолжать. После служения мне удавалось пару часов поспать, а потом начиналась рассветная молитва. В 1983 году я объехал всю страну, проповедуя на служениях в различных церквях. Однажды Бог повелел мне остановиться и отправиться для молитвы в горы.

Господь хотел дать мне объяснения некоторым местам Писания, которые казались трудными для истолкования. Я семь лет молился об этом и наконец получил ответ от Господа. Итак, с мая 1983 года я перестал проповедовать на служениях и отправился на гору Куангью в Куангью, Кьенг-ги До, чтобы молиться. После вечернего воскресного служения я молился там весь день, потом возвращался в пятницу в церковь, чтобы проводить пятничное всенощное служение. Так продолжалось много лет.

В стужу и зной

Летом было очень жарко, а зимой температура падала до минус 10 – 15-ти градусов по Цельсию (это примерно +10 по Фаренгейту). Я расстилал на горе армейское одеяло в один слой и кричал к небесам в молитве. Даже в холодную погоду я поднимался на гору и молился весь день, с утра до вечера. В холод приходилось нелегко. Если температура падала ниже 10 градусов по Цельсию, я совсем не потел, даже если кричал в молитве, отдавая все свои силы.

У меня не было денег, и я не мог позволить себе жить в уютном и теплом доме. Я мог тратить в день только один брикет угля для отопления жилища. В комнате было холодно. Бумажное окно порвалось, и холодный ветер задувал в комнату. У меня были чернила, чтобы записывать объяснения Писания, которые давал мне Господь. В комнате было так холодно, что чернила застывали. Мне приходилось их как-то растапливать, чтобы иметь возможность писать. У меня не было нормального одеяла, кроме армейского, и я спал, укрывшись им в один слой. Вставал я рано утром и шел в храм, чтобы участвовать в рассветной молитве. После завтрака я поднимался в горы и молился там весь день.

Объяснение трудных мест Писания, имеющих несколько значений

Иногда я разбивал лед и мылся ледяной водой, а потом молился и весь день читал Библию. В 7 часов вечера все уходили на вечернее служение, так что было очень тихо. Потом я уходил в молитвенную комнату и молился там до пота. Господь объяснял мне места Писания, о которых я молился днем. Он разъяснял мне стихи из Библии, которые казались мне особенно трудными и непонятными, и для меня это было слаще меда. Безмерная и бесконечная воля Бога открывалась в этих стихах. Давайте поговорим только об одном месте Писания, которое я не мог понять и которое Господь мне объяснил. В Иоанна 2 повествуется, как Иисус пошел на брак в Канне Галилейской и превратил там воду в вино. Обычно на свадьбах люди пьют и излишествуют. Можно удивиться, почему Иисус, Который пришел спасти человечество, пошел на такого рода мероприятие и именно там, а не где-то еще, явил Свое первое чудо.

Свадебный пир – это символ конца времен, когда люди будут есть и пить, и упиваться грехом. Первое чудо, совершенное Иисусом, символически ознаменовывает начало и конец служения Иисуса. Его пригласили на брак в Канне, и это значит, что мирские люди пригласили Его на смерть, на распятие. Он позволил им сделать это с Собой, Он был распят. Вода – это символ воды вечной жизни (Ин. 4:14). Это Слово Божье, которое дает вечную жизнь. Иисус – тоже Слово, пришедшее в мир во плоти. Вино – это драгоценная кровь Иисуса Христа. Это символ того, что Иисус, Слово, пришел в мир во плоти, чтобы быть распятым на деревянном кресте и пролить Свою драгоценную кровь. Иисус, пришедший в наш мир, полный греха, отдал Свою святую плоть на крест, где пролилась Его кровь. Этот стих демонстрирует нам любовь Господа.

Вода превратилась в кровь. Это значит, что кровь Иисуса, пролитая на кресте, превратится в воду, что дает жизнь вечную. То вино, что Иисус подарил гостям на браке в Канне, - было просто чистейшим виноградным соком и не содержало никаких добавок, от которых люди могли бы захмелеть. Люди попробовали вино из воды и сказали, что это хорошее вино. Это символ того, что люди будут рады, когда их грехи будут очищены кровью Иисуса и они получат надежду на Небесное Царство.

Наконец, сказано: «Так положил Иисус начало чудесам в Кане Галилейской и явил славу Свою; и уверовали в Него ученики Его». «Явил славу Свою» - это соотносится с четырьмя Евангелиями, повествующими о том, что Иисус взойдет на крест, но на третий день после погребения Он разрушит узы смерти и воскреснет, чтобы явить свою славу. Итак, в одном этом выражении сокрыто очень многое.

После распятия ученики Христа разбежались в страхе, и даже когда свидетели воскресения говорили им, что их Учитель жив, они не верили. Только когда они сами встретили воскресшего Христа, они поверили в факт воскресения. Ученики поверили не тогда, когда они стали свидетелями самого первого чуда в Канне Галилейской, а тогда, когда Господь явил Свою славу - распятый, разбивший оковы смерти и воскресший. Теперь мы понимаем, что самое первое чудо было совершено не только для того, чтобы помочь устроителям брачного пира.

«Слово о Кресте», сокрытое в тайне еще до начала времен

Читая Евангелия, которые повествуют о служении Иисуса, я понял Божью милость и любовь; я порой не мог продолжать чтение из-за того, что не мог сдержать слез. Я плакал, читая о том, как Иисус стоял перед Пилатом. Я долго и много плакал, читая о том, как Господа избили, надели на голову терновый венец и распяли. Я не мог сдержать слез и просто закрывал Библию.

Я пытался контролировать свои чувства, но у меня ушло много дней на то, чтобы прочесть все четыре Евангелия. Многие годы, уже после открытия церкви, я плачу, читая Библию. Мне трудно сдерживать свой порыв заплакать, когда я участвую в Вечере Господней. Но в конце концов я научился сдерживать слезы, потому что понял, насколько благодарны мы должны быть за то, что Иисус понес крестные муки, открыв нам путь спасения. Теперь я могу читать Библию и участвовать в Вечере Господней с радостью и чувством благодарности в сердце. Когда Бог посредством вдохновения дал мне «Слово о Кресте», я еще глубже понял любовь Божью.

Это было в 1983 году, когда я молился на горе Куангью. Там Господь открыл мне «Слово о Кресте». Он открыл мне, почему Иисус – наш единственный Спаситель, почему мы получаем спасение, принимая верой, что Он спас нас, почему Бог поместил в Эдемском саду дерево познания добра и зла, почему Бог взращивает и заботится о человечестве на этой земле. Он объяснил мне «Слово о Кресте», которое было сокрыто еще до начала времен. Бог открыл мне тайны духовного царства, о которых повествует Книга Бытие.

Господь дал мне полностью понять и записать в деталях, как мы становимся сопричастниками Божественной природы, открыв мне тайну девяти даров Святого Духа, блаженства и Божьей любви.

Как мне накормить паству Словом Духа?

Когда я долго молился в одном и том же месте, слухи об этом разлетались по местности и ко мне начинали стекаться люди, желающие, чтобы я молился о них. Все больше и больше людей узнавало обо мне, и я должен был искать все новые места для уединения. Чтобы иметь общение с Богом, подобно Иоанну, который писал Книгу Откровений на острове Патмос, мне нужно было уединенное место вдали от всякой мирской суеты.

Итак, я отправился в местечко Кангвон До, а потом в Йочивон. Когда я в летние дни молился, не имея вентилятора, я весь делался мокрым от пота, но я не жаловался и не испытывал от этого неудобств.

У меня было два вопроса: «Как мне помочь моей пастве понять волю Господа правильно, как делиться с ними духовными истинами, чтобы растить их духовно, чтобы вера их укреплялась?» и «Как мне еще больше молиться, как получить еще больше силы, чтобы совершать дела, которые творили пророки и апостолы, чтобы я мог могущественно выполнить свою всемирную миссию и построить Великий Храм?». Я был так сосредоточен на этих двух вещах, что у меня просто не оставалось времени ни на какие другие мысли.

В мае 1984-го, за пару дней до моего дня рождения, старшая дьяконисса Джумсун Вин (сегодня она возглавляет Женскую объединенную миссию) разрешила мне пожить в доме ее родственника в Кангвон До, и там я молился какое-то время. Туда нужно было добираться на лодке.

В пятницу я должен был вернуться в Сеул, чтобы проповедовать на пятничном всенощном служении и на воскресных служениях, но Бог побудил меня остаться в Кангвон До, держать трехдневный пост и молиться. Через три дня поста Бог открыл мне во всей глубине истину о духовном царстве и Царстве Небесном. Я мог бы провести свой день рождения в кругу членов церкви, радуясь их компании, но для меня было более драгоценным и радостным опытом получить от Бога этот дар после дней молитвы и поста. Бог открыл мне тайны Небесного Царства в виде очень ясного послания. В моей голове соединились стихи из Библии, говорящие об одном и том же. Потом я много лет делился этой вестью, проповедуя на воскресных служениях; они же легли в основу двух книг, написанных мною.

Даже торговцы на рынке говорили: «Идите в церковь «Манмин»!»

Рядом с нашей церковью был рынок. Церковь примыкала к нему, так что людям приходилось проходить через рынок, когда они шли на собрание. Поэтому торговцы часто видели, как родители несут в церковь своих детей, чья жизнь находится в опасности, например, после аварий.

Сегодня часто можно увидеть инвалидные коляски, но тогда они были редкостью в Корее. Когда торговцы видели больных, которых спешно вели или несли к нам, они говорили: «Смотрите, еще один направляется на встречу с пастором церкви "Манмин"!». Когда те же самые люди через пару дней приходили на рынок за покупками здоровыми, торговцы всегда удивлялись.

- Разве не вас вчера принесли на носилках?

- Да, меня.

- Тогда как же вы ходите сами?

- Меня исцелила молитва.

Поскольку торговцы часто видели подобное, они стали признавать, что Бог жив. Но когда мы пытались проповедовать им Евангелие, они говорили: «Мы знаем, что ваш Бог – живой Бог, но мы слишком заняты, чтобы ходить в церковь: нам надо зарабатывать на жизнь».

Хоть сами они и не посещали церковь, всякому больному они тотчас же советовали пойти в церковь «Манмин».

Господь был с нами

Переезд в новое здание

Примерно через год после того, как открылась наша церковь, в здании стало не хватать места для всех. Мы начали молиться о переезде в более просторное здание.

Нам нужно было помещение площадью по меньшей мере в 7000 квадратных футов, но у церкви не хватало веры, чтобы просить Бога об этом. Я молился о новом храме, и Бог ответил мне: *«Иди и построй временное здание на любом незанятом участке земли. Оно разрушится – тогда построй его заново. Потом оно снова будет разрушено. Тогда явится мое провидение».*

В сентябре 1984-го на крыше одноэтажного здания, недалеко от рынка, можно было поставить что-то вроде легкого строения. Именно это место Бог указал нам для обустройства нового храма. Бог запретил мне говорить членам церкви о том, что эта конструкция будет снесена.

Конечно, по закону запрещалось строить постоянное здание на крыше другого, но я объяснил, что такова была воля Божья – поставить временную конструкцию, - и мы принялись за дело. Владелец здания дал свое согласие; он сам отправился к местным властям за соответствующим разрешением.

По человеческим понятиям, наверное, это казалось абсолютной глупостью: построить что-то на крыше дома и использовать эту конструкцию под храм! Но так сказал Бог, и я повиновался Его слову. Я знал еще и о том, что эта временная конструкция будет разрушена сразу же после ее возведения. Когда члены церкви положили кирпичи, пришли рабочие и снесли кладку по приказу властей. Мы построили заново, и снова все результаты нашего строительства были снесены. Кто-то из верующих при этом роптал, но кто-то смотрел лишь на Бога, Который все делает во благо, и продолжал молиться с искренним сердцем. Местные жители смотрели на все происходящее и говорили: «Неужели властям есть до этого дело?». Нас начали жалеть. Даже торговцы на рынке знали, что церковь «Манмин» - это место, где совершаются чудеса Божьи. Мы проходили через все эти трудности, но при этом росло горячее желание иметь новое здание для церкви, трудности объединяли нас. Тем временем Бог готовил нам место.

До определенного момента не было здания, которое подходило бы нам. Но потом недалеко нашлось здание площадью около 7000 квадратных футов. Оно было полностью достроено, и оно нам подходило. Бог повелел, чтобы мы переехали туда. В то время в церкви было около 300 членов, и сборов не хватало даже на нужды миссионеров. Большинство верующих были людьми не очень богатыми, так что мы не могли накопить даже пару миллионов вон.

Когда я сказал, что мы переедем в это здание, многие стали выражать недовольство. Только чтобы взять здание в аренду, нужно было 40 миллионов вон (40 000 долларов). Еще 20 нужно было, чтобы обустроить здание под храм. С той верой, которую имели наши прихожане, это было довольно трудно. Но, пройдя через все мытарства с постройкой временного храма, члены церкви исполнились горячим желанием иметь храм, и они страстно молились, объединяя свои помыслы и усилия. Казалось, мы за мгновение сумели собрать нужную сумму. 31 декабря 1984 года мы арендовали здание в Дай-Банг Донге в районе Донг-як Гу и провели в нем первое служение. Этим испытанием Бог укрепил веру членов церкви «Манмин».

Создание церковных организаций

Бог посылал нам новых членов, и церковь неуклонно росла числом. Вера христиан росла и укреплялась, потому что Бог неустанно совершал великие чудеса и давал знамения. Кто-то шел к нам только за исцелением, но были и те, кем двигала жажда Слова жизни.

В октябре 1983-го был создан Молитвенный центр «Манмин». Бог призвал мою жену, Бокним Ли, ежедневно проводить служения исцеления, на которых люди получали исцеления физические и духовные. Бог вверил ей стать президентом этого центра. Она ежедневно проводила служения, посвящая себя душепопечительству, посещениям на дому и молитвам. В январе 1984 года была создана Миссия молитвенников. Ее обязанностью было молиться за Царствие Божье и праведность, за осуществление воли Небесного Отца на земле. Члены миссии не только молились – они посещали служения исцеления, поддерживая больных своими молитвами. В марте 1984-го открылся и детский сад «Манмин». Так, спустя 2 года после открытия церкви, стали формироваться церковные структуры.

В октябре 1985-го моя жена исполняла обязанности президента Молитвенного центра. Еще с несколькими верующими она стала проводить всенощные молитвенные служения. Эти собрания стали началом создания «Молитвенных Собраний Даниила», на которые сегодня собираются для молитвы тысячи верующих. Президент Бокним Ли посвящала себя посту и молитвам. Она не искала своего, семейного счастья, она отдавала себя всю другим. Бог открывался ей ясным голосом Святого Духа и благословлял ее совершать многие чудеса. Она руководит молитвенными служениями каждую ночь и сегодня.

Многие верующие испытывают на себе Божью силу и получают ответы на свои молитвы во время служений в храме. Благодаря этим молитвенным собраниям, члены церкви процветают духовно, потому что молитва - это движущая сила духовного обновления церкви.

Те, кто искал Слова Жизни, приходят и слушают проповеди, и находят душевный мир и покой. Те, кто нашел ответы на свои вопросы, кто разрешил свои трудности, остались, и церковь стала уверенно стоять на ногах.

Студент, у которого была опухоль головного мозга

Суйол Чо родился в христианской семье. Но он сам дружил с миром. У него развилась носоглоточная фиброма. Кровеносные сосуды в носу спутались и переросли в опухоль, которая затем привела к возникновению опухоли головного мозга.

В то время один из его родственников являлся Президентом больницы Сеульского Национального Университета. Чо сделали операцию, которая длилась 8 часов. Но даже после хирургического вмешательства носовые пути были блокированы. Симптомы становились все серьезнее. Через три месяца после операции начались обильные носовые кровотечения. Он пошел в больницу и врачи сказали, что это рецидив болезни.

Еще перед первой операцией врачи сказали, что существует угроза передислокации опухоли в мозг, что в мозге уже зарождается опухоль; теперь же опухоль мозга была явной. В декабре 1984 года Чо понял, что медицина не в силах ему помочь. Он услышал о нашей церкви и стал ее членом вместе со своей семьей.

В январе 1985-го на одном из служений он обрел благодать Бога, и ему стало значительно лучше. Тогда врачи предложили провести еще одну операцию, и он подумал, что, возможно, на это раз они смогут ему помочь.

Но в 1986 году, когда в результате 10 обильных кровотечений Чо потерял литры крови, он понял, что сможет жить, только полагаясь на милость Господа. Сильное ректальное кровотечение, которое случилось дважды, обескровило его и лишило всяких жизненных сил.

Однажды в будни я молился в Йохивоне и почувствовал сердцем, что Чо в очень тяжелом состоянии. Я молился Богу в слезах.

В тот же самый день одна из дьяконисс нашей церкви, которая была великой молитвенницей, увидела видение: я держался края одежды Иисуса, умоляя Его оставить жизнь этому молодому человеку. После этого всякий раз, когда Чо находился в критическом состоянии, Дух Святой давал мне

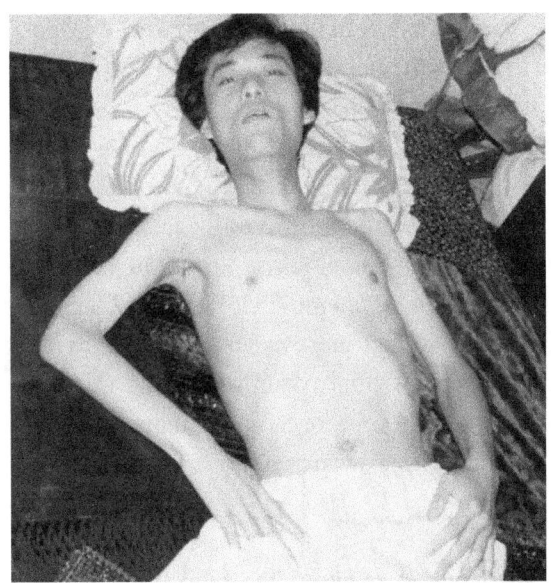

Су Ёл Чо страдает от пневмонии

Сегодня он здоровый пастор

знать об этом, и с помощью моих молитв он проходил этот тяжелый этап своей болезни. У Суйола Чо появилась духовная вера, и он пошел на поправку.

Если бы он не молился, если бы не был исполнен Духа Святого, опухоль в носу росла бы и заслонила дыхательные пути, или бы заполнила рот, или вылезла бы через ноздри. Но он покаялся, и я молился за него. Он увидел нечистоту своих плотских помышлений, зло, которое жило в нем, и он постился, думая: «Если мне суждено умереть, то я умру».

Он делал все, чтобы измениться. О, наконец он стал совершенно здоровым человеком. Сегодня он несет служение помощника пастора. У него счастливая семья – жена и сын.

Тело, закоченевшее после воздействия угарного газа

В феврале 1985-го, как-то днем в субботу, я молился в комнате. На улице послышались крики людей: кто-то кричал, что человек мертв. Когда я закончил молитву и вышел на улицу, я увидел, что принесли сестру, отравившуюся угарным газом.

Она вернулась домой после пятничного всенощного служения, растопила печь и легла спать. Примерно в 2 часа пополудни ее нашли. К тому времени она несколько часов находилась под воздействием угарного газа, тело ее было парализовано, на губах выступила пена. Один из соседей нашел ее и принес ко мне домой, но она казалась мертвой. Она была без сознания, тело уже остыло.

Я возложил на нее руку и молился: «Во имя Иисуса Христа я повелеваю угарному газу выйти из этого тела! Выйди через ноздри, через рот, через глаза, покинь все клетки организма!».

В тот момент, когда я закончил молитву и убрал руку, по телу ее пошло тепло, и она медленно открыла глаза. Застывшее тело начало расслабляться. Те, кто стоял вокруг, начали массировать ей конечности, и она смогла двигаться. Она села и была полностью здорова, без всяких последствий отравления.

Отвези мы ее в больницу – и шансы на выздоровление были бы ничтожны. Даже если бы она выжила, она всю жизнь страдала бы от поражения головного мозга. Но Всемогущий Бог, Который воскрешает даже умерших, явил Свою силу, и через пару минут она была абсолютно здорова. Ее зовут Минсун Ли, и позже она стала женой пастора Йон-Хван Ча.

«Пожалуйста, поезжай в Шингдайбанг Донг!»

Иногда мне приходилось молиться даже за тех, кто уже не дышал. В июне 1985 года что-то случилось с дочерью дьякона Сёк-хи Чо, Сьюнг-а. Ее мать варила сосиски, когда Сьюнг-а подошла к ней и протянула руку. Мама дала ей небольшой кусочек. Но вскоре она услышала, что не слышит дочки в комнате. Он зашел в комнату посмотреть на дочку и увидела, что Сьюнг-а лежит на полу с пеной на губах, жадно втягивая воздух. Она вся уже посинела.

Все случилось за пару минут, и мать была в шоке. Она схватила дочь и бросилась к такси. Она видела, как в нашей церкви исцелялись люди, страдавшие неизлечимыми болезнями, видела, как воскресали мертвые, и она верила. Она попросила водителя ехать в Шингдайбанг Донг. Он ответил:

- Так много больниц поблизости, чего ради вам ехать в такую даль?

- Нет, там есть врач получше

Я был дома, когда она приехала, и я молился за ее дочь.

Девочка уже не дышала, и тело было холодным после поездки в такси. Я искренне молил Бога вернуть дух этой мертвой девочки в ее тело. Когда я перестал молиться, она очнулась и начала дышать. Она выросла здоровой девочкой, и несчастный случай никак не сказался на ее здоровье. Сегодня она студентка университета «Кьюнг-хи», а ее родители несут служение в церкви «Джиньюмун Манмин» в Сачионе, в провинции Кьёнг-нам. Ее отец – пастор.

Ожог третьей степени, залеченный силой Божьей

В воскресенье, 6 апреля 1986 года, старшая дьяконисса Юн-дюк Ким, которой исполнилось 62 года, стала жертвой несчастного случая на кухне в нашей церкви. На плите стоял

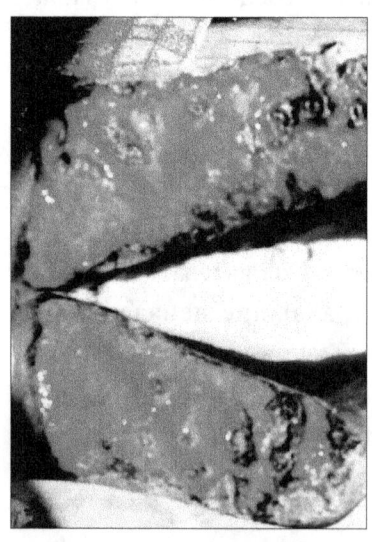

Исцеление от ожогов 3ей степени

огромный котел, в котором закипала вода для варки макарон.

Она поскользнулась и, падая, задела за ручку котла. Кипяток выплеснулся на нее, обдав грудь, живот, руки и ноги. Остались ужасные ожоги. Ей повезло, что кипяток не попал на голову и на лицо.

Услышав о случившемся, я поспешил на кухню. Она лежала на полу, и я молился над ней. Ожог был настолько сильным, что кожа попросту прикипела к одежде. В ней оставалось чуточку сознания. Жар от ожога был невыносим, но, когда я молился, она почувствовала, что он уходит из тела. Жар переместился из левой половины грудной клетки в правую, а затем пошел вниз и вышел через правую ногу.

Но несмотря на это, обожженные участки напоминали жареное мясо, и кожа отслоилась в тех местах, где слиплась

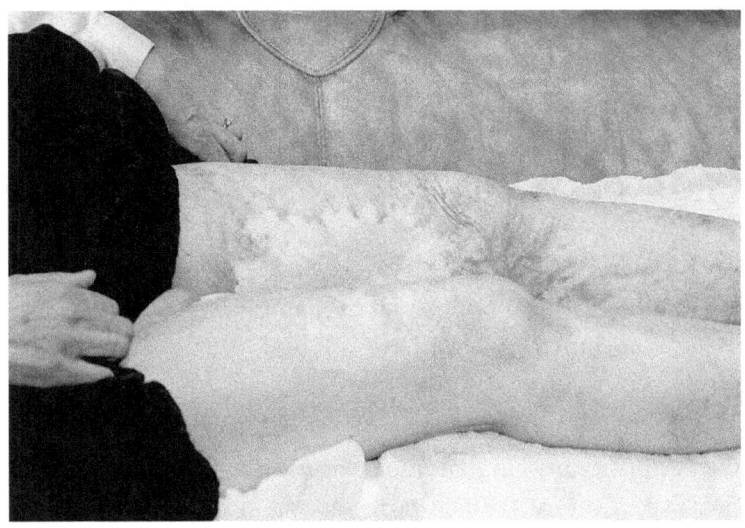

Полное исцеление, формирование тканей после молитвы

с одеждой. Смотреть на это было ужасно. Если бы мы отправили ее тогда в больницу, никто не поручился бы за ее жизнь. Даже если бы ей сохранили жизнь, потребовались бы годы и десятки операций по пересадке кожи. Но даже после этого остались бы шрамы и последствия. Ее отвезли ко мне домой, и я молился за нее каждый день. Она даже не принимала никаких лекарств, ей не делали уколов, но Бог очень быстро исцелил ее.

Ошпаренные и омертвевшие участки кожи покрылись коростой, которая напоминала древесную кору, но вскоре она отпала, обнажив заново выросшую плоть. Выросла новая кожа, сформировались новые кровеносные сосуды. Мертвая кожа была полностью восстановлена. Все это происходило на глазах у братьев и сестер, которые ее навещали.

Через три месяца после несчастного случая старшая дьяконисса Юн-дюк Ким полностью выздоровела. Сейчас 2007 год, ей 82 года, и она продолжает жизнь примерной христианки.

Огненные чудеса

«И так Господь, после беседования с ними, вознесся на небо и воссел одесную Бога.

А они пошли и проповедывали везде, при Господнем содействии и подкреплении слова последующими знамениями» (Марк. 16:19,20).

Когда ученики пошли проповедовать Благую весть, Господь был с ними, это Он действовал. Когда я возлагаю руки на больных, это Сам Господь возлагает на них свои пронзенные руки. Те, кто видят видения или умеют видеть духовные явления, свидетельствуют, что видели: когда я возлагаю в молитве руки на больных, Сам Господь возлагает руки на их больные части тела.

Я молюсь о больных на всех наших служениях, и многие видят огненные языки, исходящие от моих рук. Этот огонь – огонь Духа Святого – направляется к каждому верующему и дает каждому исцеление по мере его веры. Возлагая руки на больных, я искренне молюсь об их исцелении, о разрешении их проблем, и Бог отвечал на мои молитвы огнем Святого Духа.

Вдохновение Святого Духа и пророчества о будущих событиях

Рукоположен на пасторское служение

В мае 1986 года, спустя четыре года после открытия церкви, я был рукоположен на пасторское служение. В июне мы проводили служение вверения церкви пастору. В тот день члены церкви подарили мне большой золотой ключ как знак доверия и любви. Это означало, что мне, пастору, церковь отдает полную власть, что церковь будет доверять мне и повиноваться мне. Я все еще храню этот подарок церкви, этот символ искреннего доверия, как величайшее из сокровищ.

После рукоположения Господь побудил меня совершить 21-дневный пост и Даниилову молитву. Я искал общения с Богом в посте и молитве в Йочивоне. Там Господь начал мне объяснять Книгу Откровения, которая повествует о том, что случится в последнее время.

2 июля 1989 года я начал цикл лекций по Откровению, которые читал на утренних воскресных служениях. Лекции

продолжались в течение 4-х лет, до 20 декабря 1989 года. Те, кто хоть немного знали о духовном мире, кто стремились узнать о нем больше, с большой радостью слушали мои проповеди.

Пятничное всенощное служение, на котором были гости со всей страны

После переезда в новое здание и проведения евангелизационного служения церковь быстро наполнилась. Церковь росла так быстро, что у нас не было времени строить новые здания.

В 1987 году мы арендовали здание в Шингдайбанг Донге, в Донгьяк Гу, и переехали туда. Это было уже третье по счету здание, в котором проводила служение наша церковь. Спустя три месяца, после того как мы провели служение в честь переезда в новое здание, церковь снова была переполнена. Число зарегистрированных членов тогда превысило 3000. Мы использовали для служения и второй, и третий этажи, но все равно не могли вместить всех желающих: мест просто не было. Некоторые приходили на служение и вынуждены были отправляться домой.

К июню 1989 года мы выросли в огромную церковь, в которой было 6000 членов. После открытия церкви я хотел сосредоточить свое внимание на чтении Слова и молитве о том, чтобы полностью выполнить ту миссию, которую Бог возложил на меня, поэтому я поручил своим помощникам заботиться о пастве. Во времена первоапостольских церквей, если апостолы не справлялись с работой, которая требовалась от них, из-за быстрого роста церквей, они выбрали семь дьяконов, чтобы возложить на них эти обязанности. Апостолы же посвящали себя Слову Божьему и молитве (Деян. 6:3,4). Я не занимался церковной бухгалтерией: за все в церкви отвечали назначенные служители.

Раз или два раза в год мы проводили пасторские конференции, чтобы ободрить наших пасторов и вырастить из них сильных служителей. Я искренне желал, чтобы у нас было больше сильных пасторов, любимых Богом и членами церкви больше, чем я, и я делал все от меня зависящее, чтобы взрастить себе подобных помощников.

Пятничные всенощные служения были известны по всей стране, потому что на них действовал Дух Святой. На эти служения приезжало много гостей, независимо от принадлежности к той или иной деноминации. Как это прекрасно, когда служители исполняются Духа на ночном служении и возвращаются в свои родные церкви, чтобы проводить воскресные служения! С 12 декабря 1986 года я начал серию лекций по книге Иова, которую Бог объяснил мне. Этот цикл лекций закончился 11 декабря 1992 года.

Это были духовные проповеди, которые отличались от других толкований книги Иова. В этих драгоценных посланиях анализировалось сердце одного человека – Иова. Цель этих проповедей была в том, чтобы мы все смогли найти зло и неправду в наших сердцах. С 1989-го Бог начал подробно учить меня о духе, душе и теле человека. После этого Он открыл мне истину о разных измерениях. Когда я учил всему этому членов нашей церкви, их духовные очи открывались, и я ясно видел, как они меняются. По мере того, как росла их вера, я учил их новым истинам. Я все глубже погружался в изучение тайн духовного мира.

Чтобы еще хоть одна душа стала созревшим колосом

Однажды я молился и услышал, как Господь сказал со слезами:

«Слуга Мой, немедленно издай книги со всем, что Я открыл тебе. Так мало сегодня тех, в ком истинная вера и кто может обрести спасение. Они говорят, что верят, но творят беззакония. Они снова распинают Меня. Они не верят, но заблуждаются, думая, что верят».

Иисус сказал: *«Сын Человеческий, придя, найдет ли веру на земле?»* (Лук. 18:8). Сегодня грех и беззакония так властно правят миром, что трудно найти тех, в ком истинная вера – такая, какую хочет видеть Бог.

Когда земледелец собирает урожай, он убирает в житницы только пшеницу, а солому сжигает. Так и Богу угоднее одно созревшее зернышко, чем охапка соломы. Он собирает в Свои житницы только пшеницу (Матф. 3:12). Он хочет, чтобы мы прилежно молились, действовали согласно Его Слову, отбросив всякие дела плоти, уподобляясь Господу, освящаясь во всей полноте (1 Фес. 5:23).

Когда члены церкви узнали учение о духе, душе и теле, о разных измерениях, они стали понимать основание своей веры, стремились отринуть все грехи. Если никто не говорит нам о грехах, мы и не будем о них знать или ничего, или совсем мало. Если верующие будут идти на компромиссы с миром, они превратятся в «соломоподобных» верующих, которые не могут быть спасены. Поэтому пасторы обязаны учить свою паству тому, что есть грех.

Полагаясь только на Бога при подготовке проповедей

Когда Иисус посылал Своих учеников, Он сказал: *«Когда же будут предавать вас, не заботьтесь, как или что сказать; ибо в тот час дано будет вам, что сказать, ибо не вы будете говорить, но Дух Отца вашего будет говорить в вас»* (Матф. 10:19,20). В тот год, когда открылась наша церковь, я был на старшем курсе семинарии. Мне, как студенту семинарии, приходилось выполнять домашние задания. Я также должен был готовить не менее десяти проповедей в неделю - для рассветных молитвенных служений, для пятничных всенощных и воскресных служений, утренних и вечерних. Я должен был навещать членов церкви, беседовать с ними, молиться за больных, так что я всегда был занят.

У меня даже не было времени записать в блокнот текст проповеди, но, когда я молился, Бог указывал мне стих, давал тему проповеди и вдохновение. Когда я стоял за кафедрой, Слово Божье изливалось в мой разум.

Сегодня наши служения транслируются в прямом эфире по всей стране и в другие страны посредством спутников и Интернета, так что мне приходится готовить конспекты проповедей. Но со дня открытия церкви и до начала спутниковой трансляции наших служений я всегда проповедовал без конспектов и заметок.

Я всего лишь недостойный раб

Однажды в апреле 1987 года я не смог помолиться перед проповедью из-за нехватки времени, а потому не получил вдохновения от Бога. Я сам почувствовал, что проповедь идет не так, как надо. Мне было стыдно перед Богом, что я в молитве не приготовился, как должно, к проповеди. Всякий раз в подобных ситуациях я остро ощущал, что без Бога я ни на что не способен. Если Бог оставит меня, я не смогу проповедовать, не будет никаких исцелений, сколько бы я ни молился, Дух Святой не будет действовать во время моей проповеди, и жизнь членов церкви не изменится. Хоть мне и удалось чего-то достичь, я всего лишь недостойный раб Божий. Бог дал мне великую силу свыше, Он использует меня как Свой инструмент, но я никогда не стану возноситься из-за этого.

В апреле 1987-го были изданы мои мемуары «Откровения о вечной жизни в преддверии смерти». Эта книга была много раз переиздана и пользуется постоянным спросом. Сегодня она переведена на многие языки и распространяется во многих странах. Благодаря этой книге многие люди познали Живого Бога, Бога Целителя, Бога, отвечающего на молитвы, Бога любви.

Суёнг Менг жила в Германии. Известный немецкий пастор дал почитать ей эту книгу. Она произвела на нее неизгладимое впечатление. Когда она приехала в Корею, то пошла на наше служение и в конце концов стала постоянным членом нашей церкви. Учение святости изменило ее жизнь. Она исполнилась горячего желания нести Евангелие миру. Сегодня она является миссионеркой в Вашингтоне: она посвятила жизнь проповеди Благой Вести.

«Это христианское радио на 837 мГц. Сегодня в передаче «Ты со мною» мы расскажем вам историю человека по имени Джей Рок Ли из церкви “Манмин Джунг-анг”». С 1-го по 30 июня программа «Ты со мною» на радио CBS транслировала цикл передач: для них мое свидетельство было записано в виде пьесы. В течение месяца эта пьеса транслировалась дважды в день - утром и вечером. Благодаря этим программам, в которых звучало мое свидетельство, много людей по всей стране получили Божью благодать. Многие стали верующими.

18 августа я выступал в программе «Обновит меня» на CBS, делясь свидетельством о том, как я пришел к Богу. Редактор просил меня не говорить о том, что Бог меня исцелил. Он сказал, что будут недовольные, если мы станем говорить о чудесах. Я не мог с ним согласиться и только улыбнулся в ответ на его просьбу. Когда записывалась передача, я рассказал свою историю целиком, ничего не умалчивая. Но прошло время, а передача так и не вышла в эфир. Я спросил редактора, в чем дело. Как выяснилось, с записью что-то случилось, ее смогли восстановить лишь частично, и передача длилась всего час. Мне кажется, было бы гораздо лучше, если бы просто дали всем услышать полную правду.

Пророчества от Духа Святого

Бог дает нам дары Духа во благо (1 Кор. 12:7). В 1 Кор. 14:1-5 сказано: *«Достигайте любви; ревнуйте о дарах духовных, особенно же о том, чтобы пророчествовать. Ибо кто говорит на незнакомом языке, тот говорит не людям, а Богу; потому что никто не понимает его, он тайны говорит духом; а кто пророчествует, тот говорит людям в назидание, увещание и утешение. Кто говорит на незнакомом языке, тот назидает себя; а кто пророчествует, тот назидает церковь. Желаю, чтобы вы все говорили языками; но лучше, чтобы вы пророчествовали; ибо пророчествующий превосходнее того, кто говорит языками, разве он притом будет и изъяснять, чтобы церковь получила назидание».*

Павел хотел, чтобы все дети Божьи имели дар говорения на иных языках, и он горячо убеждал верующих стремиться к обретению дара пророчества. Я иногда, вдохновляемый Духом Святым, говорил членам церкви о том, что случится в будущем, чтобы научить их и укрепить в них веру. На рассветном молитвенном служении я обращался к Богу: «Отец, пошли нам столько-то посетителей на следующей неделе». Потом я объявлял, что на следующей неделе на собрание придет столько-то новых человек. В то время число членов церкви быстро росло.

«На следующей неделе на собрании будет 50 человек».

В то воскресенье один из членов церкви подсчитал точное количество пришедших. Их было ровно 50!

«На следующей неделе придет 65 человек».

Каждую неделю число членов церкви росло, и я всякий раз предсказывал это. Каждое воскресенье мы подсчитывали число пришедших, и члены церкви всякий раз удивлялись.

Но когда эта цифра достигла 80-ти, в течение нескольких недель количество впервые пришедших на служение не росло. Когда я молился об этом, я понял, что это была работа дьявола: он не хотел, чтобы количество превысило 100. Я постился и молился вместе со своей церковью, чтобы прогнать дьявола, и после этого церковь снова начала расти: 10 октября церковь насчитывала 100 членов.

В некоторых случаях Бог открывал мне, сколько пожертвований мы соберем. Вначале мы собирали в неделю примерно 6 миллионов вон (6000 долларов). Поскольку мы стремились к выполнению нашей всемирной миссии, наши расходы были намного выше. Мы постоянно были в нужде, и материальное состояние церкви оставляло желать лучшего. Я начал молиться об этом. Когда я искренне молился, Бог удивительным образом разрешал наши трудности. Через Духа Святого Бог иногда говорил мне совершенно ясно, сколько денег мы соберем пожертвованиями.

«На следующей неделе сумма пожертвований составит 33 миллиона вон (33 000 долларов)». Я получил этот ответ и назвал эту сумму церковным бухгалтерам, чтобы укрепить их веру. Но они никак не отреагировали, должно быть, просто не поверили мне. Казалось, они сомневались, как такое могло быть, чтобы сумма за неделю увеличилась более чем в 5 раз!

Но на следующее воскресенье, когда они подсчитали собранные пожертвования, они сообщили мне, что сумма составила ровно 33 миллиона вон! С тех пор я всегда молился Богу, когда нас одолевали материальные нужды, и всякий раз Он благословлял нас, и мы справлялись с трудностями по Его благодати. Когда Бог собирался дать нам больше, чем мы ожидали, я говорил об этом служителям заранее. Я видел, как их вера росла благодаря этому опыту.

Грядущие события в Корее и в мире

Я всегда вопиял к Богу в молитве и жил в полноте Духа. И Господь иногда говорил мне о том, что должно случиться, Он открывал мне великие тайны. Когда-то Петру было видение о грядущих событиях (Деян. 10); Стефан видел славу Божью и Господа, стоящего одесную Отца. Сила Господа может все. Как во времена Ветхого и Нового Заветов, Бог и сегодня продолжает являть великое.

Вспомним Книгу Пророка Амоса 3:7: *«Ибо Господь Бог*

ничего не делает, не открыв Своей тайны рабам Своим, пророкам». Как здесь и сказано, я молился, и Бог открывал мне, что ждет того или иного члена церкви, нашу страну или весь мир.

Я тогда учился в семинарии. Это было 26 октября 1979 года. Я проснулся с тяжелым чувством и не мог избавиться от него все утро. Я стал молиться, и Господь открыл мне, что великая звезда погаснет на небосклоне Кореи. Бог сказал, что умрет Президент Пак Чан Хи. Я сказал об этом жене и отправился на занятия в семинарию. На сердце у меня было тяжело. Я весь день проплакал, а на следующее утро я услышал в новостях, что Пак Чан Хи был убит накануне ночью.

«...не открыв тайны рабам Своим, пророкам...»

Бог давал мне заранее знать, что случится на политической арене мира, иногда Он говорил мне о выдающихся политических лидерах. В 1984 году Бог сказал мне о предстоящей кончине Индиры Ганди - первой женщины-премьер-министра Индии. Бог сообщил мне о ее предстоящей кончине за пару месяцев до того, как это случилось, и я поделился этим пророчеством с членами моей церкви. В октябре того же года я узнал, что на нее было совершено покушение сикхами.

В том же году я узнал о переизбрании президента США Рональда Рейгана и премьер-министра Англии Маргарет Тэтчер. Бог также открыл мне, почему они будут переизбраны. Маргарет Тэтчер была бесстрашна, как лев, но в то же время она была смиренна и кротка, и старалась жить безгрешно перед Господом; ее не заботили деньги и власть – она просто служила людям, служила с любовью. Бог объяснил мне, что эти два политика были любимы своими народами за то, что они любили свои страны, служили своим народам и любили их.

В 1985 году умер Генеральный секретарь ЦК КПСС Константин Черненко. Но за несколько месяцев до этого, в 1984-м, у меня было видение от Бога об этом. Чтобы укрепить веру членов церкви, я рассказал им о своем видении. Через несколько месяцев газеты заговорили о его болезни, а затем он умер.

Декларация от 29 июня и начало процесса демократизации

29 июня 1987 года президент партии Демократической Справедливости издал так называемую «Декларацию 6/29». После всеобщих выборов, 12 февраля 1985 года, оппозиционные партии критиковали власть Чон Духвана. Они настаивали на проведении прямых президентских выборов и на том, что президента должен избрать сам народ.

13 апреля 1987 года Духван ответил на эти выступления документом, который назывался «В защиту Конституции». Этот документ был призван пресечь все дискуссии о внесении изменений в действующую Конституцию и о смене действующего правительства согласно существующему закону. 10 июня он провел съезд партии Демократической Справедливости, на котором Тэйву Ро был выдвинут кандидатом в президенты от партии. Это была попытка расширить полномочия военного правительства. Жертвой политических событий того года пал студент колледжа по имени Йонгчол Пак: его замучили до смерти в полиции. С 10 июня по всей стране начались демонстрации протеста. 26 июня демонстрации начались в 37 городах, и длились они

до поздней ночи. Полицейских не хватало, и правительство собиралось пустить в ход регулярные войска. Но в конце концов «умеренные» одержали верх: было принято решение выполнить волю народа и провести прямые президентские выборы. Это была «Декларация 6/29».

15 июня 1987 года я проводил служение в церкви Чейл в Бупьёнге. 18 июня Бог вдруг дал мне видение и вдохновение. Он открыл мне, что выйдет «Декларация 6/29», и рассказал о ее содержании. Через вдохновение от Духа Святого Бог открыл мне, что страну ждут большие перемены. Я понял, что все это произойдет очень скоро.

На следующий день, 19 июня, я, с помощью акронимов, рассказал о предстоящих событиях нашей церкви, а на следующее воскресенье мы напечатали об этом в еженедельном церковном бюллетене. Все это обсуждалось в строжайшей тайне, и было просто немыслимо, что об этом узнали бы рядовые граждане.

21 июня 1987 года мы сообщили в бюллетене о грядущих политических событиях

В связи с тем, что власть в руки взял диктатор, мы смогли сообщить о предстоящих политических переменах с помощью акронимов, да и то напечатав их в обратном порядке. У нас сохранился тот бюллетень. Акронимы были написаны корейскими иероглифами: «Мин, Гай, Як, Сай, Дай, Ге, Чон, Мо, Ро, Ху, Дай». 5 июля на воскресном служении я объяснил членам церкви смысл этих акронимов.

Вот что они означали: «Президент (Дай) Чон выпустил документ «В защиту Конституции», чтобы поддержать кандидата в президенты (Ху) Тэйву Ро (Ро). Но после того, как человека убили (Чон) выстрелом в голову (Мо), все планы (Ге) провалились. Влияние (Сай) президента (Дай) Чон было ослаблено (Йак) народной оппозицией, и, чтобы принять волю народа, была выпущена «Декларация 6/29». Были внесены поправки (Гай) в Конституцию относительно проведения прямых выборов, и это стало началом процесса демократизации (Мин)»

Вот что представляли собой первые 8 пунктов этой Декларации:

1. Мирное переизбрание правительства в феврале 1988-го в результате внесения поправок в Конституцию.
2. Проведение честных и справедливых выборов после внесения поправок в закон о выборах президента.
3. Амнистия и реабилитация Дэйюнга Кима.
4. Уважение человеческого достоинства и человеческих прав.
5. Свобода слова.
6. Автономия местной власти, свобода колледжей, автономность образования.
7. Гарантия многопартийности.
8. Духовное очищение общества.

Результаты президентских выборов

В декабре 1987 года, перед 13-ми президентскими выборами, я молился об их исходе: «Боже, в чем состоит Твоя воля? Кто по Твоей воле самый достойный кандидат? Кто станет президентом?».

Бог открыл мне, что Тэйву Ро станет президентом. Потом Бог показал мне кандидата Юнгсама Кима, направлявшегося в вагоне, украшенном цветами, в Голубой Дворец – президентскую резиденцию, вслед за Ро. А еще я видел кандидата Дэйюнга Кима, который тоже ехал в вагоне, украшенном цветами.

Бог объяснил мне, что, если Юнгсам Ким и Дэйюнг Ким объединятся, кандидат Юнгсам Ким сначала станет президентом, а потом его сменит Дэйюнг Ким. Показывая мне это видение, Бог объяснил мне, что Его воля в том, чтобы эти два кандидата объединились, но, поскольку на этих выборах они не придут к соглашению, на выборах победит Тэйву Ро.

Бог также открыл мне, что Ро получит на выборах даже больше голосов, чем ожидалось, вторым будет Юнгсам Ким, а на третьем месте, по количеству голосов, окажется Дэйюнг Ким. А у четвертого кандидата Ёнгпила Кима будет совсем мало голосов. Он также подробно рассказал мне, как могут объединиться кандидаты Ёнгсам Ким и Дэйюнг Ким, о том, что Ёнгсам Ким станет в этом случае Президентом первым.

Я написал об этом письмо и через одного из членов моей церкви передал его Ёнгсаму Киму в его резиденцию в Сангдо Донге. Брат отправился к этому кандидату. Но тот участвовал в предвыборной кампании в Бусане, и письмо было передано его жене. Она прочитала письмо прямо на месте и пообещала передать его мужу. Мы сохранили копию того письма. В конце концов, два кандидата, о которых говорил Бог, так и не пришли к соглашению, и на выборах победил Тэйву Ро.

Глава 6

Рост церкви и испытания

Лишение права говорить и сломанный молоток

Моя церковь фактически принадлежала к Союзу Корейских Церквей Святости. С первых дней существования церкви я делал все возможное, чтобы как можно теснее сотрудничать с нашей деноминацией, и наша церковь непрестанно росла числом.

После объединения с другой деноминацией

13 декабря 1988 года наша деноминация объединилась с Корейской Церковью Святости в Аньянге, и мы влились в деноминацию Аньянга. В то время пастор Тейкгу Сон, профессор из нашей семинарии, был президентом Союза Корейских Церквей Святости, и именно по его предложению произошло объединение церквей. В то время наша церковь небывало быстро росла. Когда в Суоне мы открыли пятую по счету дочернюю церковь, Генеральная Ассамблея

деноминации стала возражать против названия, которое мы выбрали для этой новой церкви. Они не хотели, чтобы в ее названии фигурировало слово «Манмин»: церковь, по их мнению, должна была называться «Церковь Дойкву Суон».

В декабре 1989 года я получил официальное письмо от представителей Генеральной Ассамблеи с приглашением явиться на беседу, которая должна была состояться в 11.00. 18 декабря я явился туда в 10.30, но до полудня никто даже не появился. Только после 12.00 меня пригласили в комнату для заседаний. Там уже сидели 6 пасторов – все они были членами Ассамблеи. Едва я вошел, они засыпали меня вопросами. Я думал, что разговор начнется с молитвы, с прославления Господа, коль уж это была встреча пасторов. Я был сильно разочарован тем, что произошло на самом деле. Градом посыпались вопросы и обвинения:

- Я слышал, вы говорили, будто Иисус вернется через 3-4 года. Это правда?

- Я никогда такого не говорил.

- Вы лжете! Вы пастор-лжец!

Я был огорошен этими вопросами. Они сказали, что не ждут от меня никаких объяснений, что я должен отвечать только «да» или «нет».

- Вы хорошо умеете лгать, вот почему вам удалось обмануть столько членов паствы. Вы думаете, мы не можем заманить столько же членов в свои церкви с помощью лжи? Говорят, что вы получаете откровения. Вы признаете что-нибудь еще кроме 66 книг Библии?

- Такого никогда не было.

- Лжец! Вы запрещаете членам церкви ходить на работу, а

студентам – посещать учебные занятия.

- Я не говорил ничего подобного!

- Вы танцевали колдовской танец на алтаре?

- Я никогда не делал ничего подобного!

Абсурдные вопросы не прекращались. Все они были результатом недопонимания. Мне не дали возможность объясниться ни по одному обвинению. Один пастор, которого я назову пастор С., который «допрашивал» меня, дал мне заранее подготовленный список из девяти пунктов - что я должен был исправить в своей церкви. Я даже не знал, что тот допрос, что мне учинили, был частью «судебного заседания», и приговор был вынесен! Список из 9 пунктов отправили к нам в церковь. Меня предупредили, что, если я не исправлю свои «упущения», будет принято соответствующее решение по результатам проверки моей пасторской деятельности. Вот некоторые из требований:

- запретить продажу своих мемуаров («Откровения о вечной жизни в преддверии смерти»);

- запретить продажу кассет с записями моих проповедей;

- запретить использование слова «Манмин» в названиях дочерних церквей;

- запретить святые танцы (танцы под гимны прославления).

Все это было для меня неприемлемым.

Я не находил в своих поступках ничего предосудительного, что противоречило бы Слову Божьему, и поэтому написал письмо, где предоставил детальное объяснение по всем 9 пунктам обвинения. В письме я также попросил их сказать мне, в чем я неправ. Через несколько месяцев пришел ответ, в котором члены Ассамблеи сообщили, что отказываются принимать мои письма без объяснения причин.

Лишенный права голоса

Заседания Генеральной Ассамблеи нашей деноминации проходили на протяжении двух дней, с 30 апреля по 1 мая. Я был членом комитета представителей и обязан был присутствовать на этом заседании. Еще два члена комитета были старшими служителями в моей церкви. Но, когда мы явились на заседание, мы не нашли мест, возле которых были бы таблички с нашими именами. Я понял, что меня решили исключить из состава. Я искал свое имя тут и там, но не нашел даже намека. В списке членов комитета моего имени тоже не было. Раз у тебя нет места – ты не имеешь и права голоса. Но я должен был открыть им глаза на правду, поэтому я наблюдал за ходом заседания с заднего места.

Когда началось заседание 1 мая, упомянули мое имя. Пастор С., глава комитета по проверке, начал выдвигать против меня обвинения. Меня лишили права говорить перед собравшимися, а потом продолжили заседание согласно повестке. Все, что говорили против меня, было неправдой. Например:

«Пастор Джей Рок Ли утверждал, что знает точную дату возвращения Господа. Это написано на такой-то странице его мемуаров».

Я никогда не говорил такого. Я не знал никаких точных дат, и, конечно же, ничего такого не было на страницах моей книги. Но у присутствующих не было на руках моей книги, и они просто поверили всем этим глупым обвинениям, а потом им пришлось участвовать в голосовании. «Пастор Ли заблуждается, давайте просто исключим его. Поднимите руку, если вы согласны с этим предложением».

На том заседании большинство из 300 членов покинули свои места, только девяносто оставалось сидеть. 30 из них подняли руку – они были подготовлены к этому заранее. Наши люди подсчитали количество членов Ассамблеи, проголосовавших за мое исключение, – таковых было 30. Но председатель объявил: «48 человек проголосовали «за», это больше половины присутствующих, так что решение принято». Он стукнул деревянным молотком по столу, и я был исключен на основании решения 30 человек из 300.

Сломанный молоток

Когда председатель ударил молотком по столу, ручка сломалась, и молоток упал на пол. Конечно, в этом было что-то необычное. Уже это было знаком того, что в глазах Бога суд был неправедный. Мне - «подсудимому» - не дали права сказать ни слова. Но слово дали старейшине Боазу Юнгхо Ли, который сказал буквально следующее:

- Все, что было здесь сказано, - неправда. Как можно судить человека, не выслушав его мнения? Он здесь сейчас, почему бы нам не послушать его?

- Хорошо, мы дадим ему время. Возвращайтесь на свое место.

Однако председатель так и не дал мне возможности защитить себя, несмотря на свое обещание. После того, как старейшина Ли сел на свое место, мне не дали слова, и он спросил громким голосом с места:

- Председатель, я сел, потому что мне пообещали, что пастору Ли дадут слово. Почему вы не держите своего обещания?

Председатель просто проигнорировал этот протест. Надеясь на шанс быть услышанным, я просидел там 7 часов, но слова мне так и не дали. Даже приговоренному к смертной казни обычно дают возможность сказать что-то в свою защиту. Даже в тоталитарном государстве, даже на суде у коммунистов принято выслушивать подозреваемого. Мне не дали этого шанса. Так моя деноминация, по сути, похоронила меня без всякой моей вины.

Суд, которому учит Библия

Библия говорит, что, когда выдвигаются обвинения против служителя, должно быть по меньшей мере два свидетеля (1 Тим. 5:19). Мне, служителю, пастору, однозначно должны были дать возможность защищать себя. Но мне не дали сказать ни слова, это было одностороннее осуждение. А что хуже всего, обвинения, все до единого, были просто сфабрикованы.

Когда Саул, гонимый своей завистью, преследовал Давида, Давиду как-то представился шанс убить своего обидчика, но Давид не воспользовался таким подарком судьбы. Он сказал: «...не подниму руки моей на господина моего, ибо он помазанник Господа». Хоть Бог и покинул Саула, он все же был Божьим помазанником. Только Бог может решать участь Своих помазанников, а меня просто исключили по воле горстки людей.

Я мог бы избежать всего, сказав «да» лишь однажды

Некоторые из пасторов, присутствовавших на заседании Ассамблеи, сочувствовали мне и советовали: «Пастор, ваша церковь быстро растет, и это вызывает зависть у других. Почему бы вам просто не согласиться с тем, что от вас требуют старшие служители? Просто скажите один раз «да»! Пусть говорят, что кока-кола – это яблочный сок, просто скажите: "Аминь"». Но я не пошел на компромисс, а пошел путем истины. Я помнил Даниила, который не пошел на компромисс с совестью даже под угрозой быть брошенным в львиный ров. Я вспомнил друзей Даниила, которые не побоялись даже печи огненной. Вспомнив все это, я не стал полагаться на мир, я положился во всем на Бога.

Когда моя церковь услышала о том, что произошло, сотни членов отправились к тем двум пасторам, которые затеяли мое исключение, заявить свой протест. Многие другие пасторы стали звонить им и выражать свое несогласие с решением Ассамблеи. Тогда президент деноминации договорился со мной о встрече.

- Я не буду поднимать другие вопросы - скажите мне только одну вещь, и мы восстановим ваше доброе имя и вернемся к прежним взаимоотношениям. Вы согласны с теми 9 требованиями, которые вам предъявлены?

Я не мог согласиться с тем, что считал неправильным. Как можно было идти на компромиссы с совестью только из-за боязни быть отлученным? Мне было так тяжело, я так печалился всю неделю, что потерял 4 килограмма. Когда я вспоминал тех двух пасторов, которые осудили меня, не дав мне возможности ничего сказать в свою защиту, я не мог справиться с чувством тоски и жалости к ним. Один из пасторов, которого я назову «пастор К.», который являлся одним из президентов деноминации, часто повторял: «С точки зрения Библии, церковь «Манмин» не является еретической».

Я опубликовал книгу под названием «Небеса будут

провозглашать справедливость» и разослал экземпляры по всей стране, всем церквям, независимо от их принадлежности к той или иной конфессии. После этого я молился, и мне было слово от Господа:

«Ты мог бы выйти из состава деноминации сам, таким образом избавив себя от позора исключения. Но ты не сделал этого, чтобы не совершать предательства. Такие слуги, такие чада угодны Моему сердцу. Ты выбрал правильный путь, и вскоре ты сам станешь главой объединения церквей».

Бог повел нас по пути создания новой деноминации, чтобы избежать глупых запретов с чьей-либо стороны и чтобы трудиться на благо Царства Божьего всеми силами. 1 июля 1991 года была создана Генеральная Ассамблея Корейской Объединенной Церкви Святости, и я был избран ее президентом. Пройдя через суровое испытание, я почувствовал, что Бог дал мне еще большую силу.

Служения по всей стране

После того как в 1986 году я был рукоположен на пасторское служение, меня часто приглашали проповедовать на служениях по всей стране. С 1987-го я ежемесячно проповедовал на межконфессионных служениях, в том числе в таких городах, как Поханг и Дэйгу. Главным образом я проповедовал о том, что нужно кричать к Богу в молитве, и о том, почему Иисус – наш единственный Спаситель. Обе эти темы раскрыты в книге «Слово о Кресте».

На второй и на третий день служений пасторы получали благословение от слышания Слова, потому что начинали понимать духовный смысл всего, сокрытого в Слове Божьем, и благодарили меня со смиренным сердцем.

Старшая дьяконисса Бунхан Чо была исцелена от опоясывающего лишая

В марте 1990 года я отправился по приглашению в церковь в Дэйгу. У меня была возможность заехать в гости к старшей дьякониссе Бунхан Чо. Ей было 77 лет, и она ужасно страдала от опоясывающего лишая. Ее внук, дьякон Йунха Хванг, служил медиком в регулярных войсках в городе Йинхай и готовился к защите докторской диссертации в Корейском Университете. Он был искренне верующим человеком и несколько раз брал отпуск, чтобы заботиться о своей бабушке. Она какое-то время, движимая жаждой слышать Слово Жизни, посещала нашу церковь. На теле Бунхан Чо были нарывы, которые время от времени воспалялись, и это привело к возникновению артрита. Вирусы поражали ее нервы, и она кричала от боли днем и ночью. Она не могла двигаться и была прикована к постели. Конечности были обезображены артритом; даже ела и спала она с трудом. Она была просто кожа да кости. Единственное, на что она надеялась, была скорая смерть. Конечно, это легло тяжелым бременем и на плечи ее домочадцев, которые должны были за ней ухаживать.

Я возложил на нее руки и молился за нее; когда молитва закончилась, она вдруг закричала: «Демон уходит!» и подняла правую руку. Это было для нее не так легко: лишай покрывал правую сторону шеи и правое плечо. Но она быстро села и почувствовала, что демон, который был причиной ее недугов, вышел из ее тела. Она была полностью исцелена.

Она переехала в Сеул, сняла маленький домик недалеко от церкви и жила жизнью примерной христианки, исполненной Святого Духа.

Несмотря на противостояние объединению с церковью в Дэйгу

4 мая 1990 года меня пригласили проповедовать в горном

молитвенном центре «Киёнг» в Дэйгу. Служение было организовано Миссионерским союзом провинции Киёнг Санг. Людей было так много, что они сидели даже на верхнем и на нижнем алтарях. И все равно не все смогли попасть в зал. Нам пришлось выставить оконные рамы, чтобы нас слышали те, кто стоял на улице. Даже хористы не смогли пройти внутрь и пели снаружи. Милостью Божьей многие пасторы присутствовали на служении, и произошло много исцелений.

Организаторы служения, которое оказалось очень успешным, решили провести на будущий год такое же служение, но для большего количества людей. Для этих целей был арендован спорткомплекс в Дэйгу. Многие миссионерские организации своими молитвами поддержали это начинание. Деноминация, которая исключила меня из своих рядов, пыталась помешать проведению этого служения.

За неделю до запланированного дня проведения, во время пятничного всенощного служения, мне было Слово Господне. Бог сказал, что все члены церкви должны один день поститься перед воскресным днем, чтобы лишить силы дьявола. До того момента я не знал о том, что происходило в Дэйгу. В субботу наши братья, которые приехали из Дэйгу, рассказали мне о том, что происходит в городе.

Представители изгнавшей меня деноминации направили официальные письма организаторам служения, представителям прессы и другим организациям, имеющим хоть какое-то отношение к предстоящему служению, в которых говорилось, что я осужден, как еретик, и отлучен, - это была попытка сорвать наше служение. Ассамблея деноминации, к которой принадлежали пасторы, поддерживающие предстоящее служение, направила письма по всем церквям, в которых говорилось: «Поскольку пастор Ли признан еретиком, мы признаем еретиками также всех, кто примет участие в его служении». После этого многие организации и многие пасторы, которые поддерживали нас молитвами, больше не могли нам помогать. Ходило много нелепых слухов, в том числе и слух о том, будто служение отменили.

18 марта 1991 года, не имея времени говорить о позиции нашей церкви, о том, придерживаемся мы истины или нет, мы начали служение. Те организации, которые прежде нас поддерживали, поверили разосланным письмам и отвернулись от нас. Но, несмотря на давление со стороны ассамблеи конфессии, к которой я раньше принадлежал, многие пасторы все же приняли участие в нашем служении. Каким благодатным оно было! Бог побудил членов моей церкви отправиться в Дэйгу и подготовить все необходимое для проведения служения. Его проводила наша церковь, но было так много гостей, и оно завершилось излиянием благодати Божьей.

Враг, дьявол, сделал все, чтобы помешать нам, многое противостояло нам, но Бог знает разум человеческий и помыслы наших сердец. Мы постились и молились, и в конце Он все соделал нам во благо.

«Что же сказать на это? Если Бог за нас, кто против нас? Тот, Который Сына Своего не пощадил, но предал Его за всех нас, как с Ним не дарует нам и всего? Кто будет обвинять избранных Божиих? Бог оправдывает их. Кто осуждает? Христос Иисус умер, но и воскрес: Он и одесную Бога, Он и ходатайствует за нас. Кто отлучит нас от любви Божией: скорбь, или теснота, или гонение, или голод, или нагота, или опасность, или меч? как написано: за Тебя умерщвляют нас всякий день, считают нас за овец, обреченных на заклание. Но все сие преодолеваем силою Возлюбившего нас» (Рим. 8:31-37).

Переезд в новое здание как акт веры

В марте 1987 года наше здание уже не вмещало всех людей, а церковь продолжала расти. Мы стали молиться о том, чтобы у нас было новое, еще большее здание. В Шингдайбанг Донге, где зародилась наша церковь, построили новое здание, и мы арендовали второй и третий этажи.

С 13-го по 17 апреля мы проводили торжественные служения, чтобы ознаменовать переезд в новое здание. Девизом этих служений стали слова: «Не всякий, говорящий Мне: «Господи, Господи!» войдет в Царствие Мое»; я говорил о благодати, о Святом Духе, о вере, о жизни вечной. Через три месяца после этих служений здание примерно в 1600 квадратных ярдов было заполнено людьми!

Мы вопияли к Богу в молитве

Как и сегодня, тогда наша церковь молилась по 3 часа в

день во время проведения Данииловых молитвенных ночных служений. Мы закрывали оконные проемы пенопластовыми щитами, чтобы не было слышно шума с улицы, но сами стены были звукопроницаемыми, так что мы не могли соблюдать полную тишину. К счастью, перед зданием церкви был рынок, а не жилой квартал.

Однажды во время общего собрания местных жителей кто-то поднял вопрос о том, что от нашей церкви слишком много шума. Но одна женщина, член женской ассоциации, сказала: «Неправда, они даже летом закрывают все окна и вставляют в проемы щиты из пенопласта. Для меня звуки их молитв звучат как самая лучшая колыбельная». Кто-то другой пожаловался на шум в полицию. Полицейский же ответил: «Вы спите, а эти люди не смыкают глаз и молятся за весь наш народ. Так что же вам нужно?». Жалобщик ничего не смог сказать в ответ.

Преодолев кризис милостью Божьей

Бог не хотел, чтобы мы стояли на месте. Последовало новое испытание, в результате которого мы перебрались в еще большее здание. В апреле 1988 года во время служений люди стояли не только в зале, но и во всех подсобных помещениях, на лестнице, в коридорах. В подвале того же здания был супермаркет. Оборот там был незначительный, и торговые отделы закрывались один за другим. Мы подписали контракт и на аренду подвального помещения, но торговцы с рынка и жители дома вдруг взбунтовались. Они стали распространять слух, будто церковь хочет выгнать всех торговцев с их места.

Эти люди стали проводить шаманские ритуалы перед дверями церкви в воскресенье, играя во всю мощь на корейских народных барабанах. Мы вызвали полицию, но те приехали только после того, как все уже кончилось. Городские власти были не на нашей стороне. Один чиновник, который был членом оппозиционной партии, несколько раз приходил в нашу церковь и общался со мной. Я молился за него перед выборами, и он победил. Кандидат от партии большинства, который проиграл выборы после моей молитвы, решил, что, раз церковь поддерживает его противника, ему будет трудно участвовать в следующих выборах. Он воспользовался своими связями в местных органах власти и в полиции, чтобы выдворить церковь из района.

Я понял все происходящее только спустя какое-то время. Члены церкви говорили, что больше не могут терпеть всего, что происходило вокруг, и хотели пойти к местным властям, чтобы выразить протест. Они хотели даже обратиться в суд, но я отговорил их всех от этих поступков. Я убеждал их на основании Слова Божьего, которое учит нас не воздавать злом за зло.

Члены церкви послушали меня. Они мужественно переносили противостояние местных жителей и стремились служить им. Но со временем преследования стали еще серьезней. Представители местных властей, президент ассоциации женщин, даже местные старейшины приходили, чтобы сорвать проведение служения. Каждый день к нам приезжали проверки из пожарного департамента, так что нам приходилось нелегко.

Я преклонял колени перед Богом и молился. Однажды я узнал, что те, кто хотел выдворить нас из района, хотят со мной встретиться. Когда я вошел в кабинет в местном органе управления, там было 10 представителей различных местных организаций.

- Пастор! Спасите нас! Мы так страдаем. Нам кажется, что

мы проваливаемся в ад! Мы бы хотели отсюда убраться, но у нас нет другого большого здания, да и денег тоже. Скажите, сколько вам нужно денег, чтобы переехать в другое здание?

Я услышал их историю и увидел во всем руку Божью. Многие из тех, кто стоял в авангарде борьбы за наше выдворение из района, вдруг сильно заболели разными болезнями. Слухи об этом быстро поползли по району. Люди боялись. Тем, кто руководил нашим преследованием, казалось, что они падают в ад. Они не могли жить с этим страхом и захотели увидеться со мной. Они дали нам 300 миллионов вон (300 000 долларов) – именно эта сумма нужна была нам для переезда в другое здание. У нас тогда не было даже десяти тысяч долларов, так что это была огромная сумма.

Когда царь Авимелех взял в жены Сарру, думая, что она сестра Авраама, Бог явился ему во сне и приказал отпустить Сарру, потому что она была жена Авраама, а не сестра. Авимелех не только отправил Сарру назад – он послал Аврааму овец, коров и рабов (Бытие 20). Когда в дело вступил Бог, Авраам справился с бедой и был обильно награжден. Так и наша церковь пережила трудное время благодаря вмешательству Самого Бога.

Земля Обетованная лежала перед нами

Мы молились: «Господи, дай нам участок больше чем в 54 000 квадратных футов». Возле церкви было здание площадью в 6000 квадратных ярдов, и мы молились горячо о том, чтобы иметь возможность в него переехать. Однажды в 1990 году летная военная академия, которая была расположена в парке

Борамай, объявила о своем переезде. Власти Сеула приняли решение продать эту землю частным инвесторам. Я понял, что участок в парке Борамай Бог приготовил для нас. Это давало множество преимуществ. Вот почему Бог послал меня открыть церковь в Шингбайданг Донге. Мы молились о том, чтобы получить участок в том парке, и Господь нам ответил: *«Я дал вам землю, так идите, возьмите ее. Вся церковь должна проявить свою веру. Когда вы возьмете эту благословенную землю, Я сделаю все остальное».* Наша церковь участвовала в торгах, но с той верой, которая была у членов нашей церкви тогда, невозможно было купить даже 4000 квадратных ярдов. Лишь единицы имели настоящую веру.

Бог вел Израиль в Землю Ханаанскую, но они не могли войти в нее из-за своего непослушания. Только их дети удостоились этой чести. Нам не хватило веры, и Бог указал нам другое место в Гуро Донге. Он приготовил нам здание в промышленном районе площадью в 10 000 квадратных ярдов.

Торжественное служение в честь переезда в новое здание и новые трудности

Промышленный район Гуро был местом, где бурно развивалась промышленность Кореи. Там было множество заводов. Наше четвертое по счету здание, здание в Гуро Донге, было по сути компанией "Шин Ай Электроникс". Я встретился с владельцем этой компании, перед тем как она стала банкротом.

Он сказал мне: «Старший пастор, я хочу построить на этой земле храм «Манмин Джунг-анг». Он видел меня в первый раз в жизни, но сказал мне об этом своем желании. Я поверил в его слова, хоть и не просил его об этом. Я ответил тогда: «Аминь». Потом компания «Шин Ай Электрроникс» обанкротилась, и ее владелец бежал в США. Старшая дьяконисса Шин Ай Хиён стала директором вместо него. У компании были большие долги, рабочие бастовали, требуя выдачи зарплаты, так что ей пришлось нелегко. Она молилась о том, чтобы здание компании было использовано во славу Божью кем-то из известных пасторов. И тогда она получила ответ от Бога: *«Отдай землю Джею Року Ли, Моему возлюбленному»*. Она долго искала меня, но в конце концов нашла. После ее звонка я отправился туда, где она проводила служения, чтобы поприветствовать ее официально. Она жила в Ёнгсане; именно в ее церкви в 1974 году я был исцелен. После того я встречался с ней только однажды, да и то это была официальная встреча. Больше мы не встречались, и она меня не помнила.

Она рассказала мне, как она меня нашла. Бог побудил меня принять решение о покупке того здания. Нам нужна была сумма в 10 миллиардов вон (10 миллионов долларов), еще 2 миллиарда вон (2 миллиона долларов) нужно было выплатить рабочим разоренного предприятия.

Торжественное служение в честь переезда в новое здание

10 февраля 1991 года мы переехали из Шингдайбанг Донга в Гуро Донг. В честь этого мы провели торжественное богослужение. Мы выплатили всем кредиторам, вернули рабочим задолженную зарплату. Потом мы стали обновлять здание, приспосабливая его под нужды церкви.

Когда мы переезжали, у нас было только 300 миллионов вон (300 000 долларов), которые мы выручили от продажи старого здания. Если смотреть на ситуацию реалистически, с такими деньгами нельзя было сделать и шага вперед, но мы знали, что Бог ведет нас, и мы смело шли вперед. Через год после нашего переезда в новое здание, банк снова выставил его на аукцион, но у нас не было денег. Представители банка сказали: «Ваша церковь уже помогла компании, разрешив ее трудности с профсоюзом. Вы потратили много денег на обновление здания. Вряд ли кто-то станет претендовать на это здание». Они посоветовали нам выкупить здание, когда цена на торгах максимально опустится. Но все на деле пошло не так, как мы думали. Одна компания выкупила здание – это было частью их плана по приобретению недвижимого имущества. Нас попросили освободить помещение. Но нам некуда было уйти.

15 февраля 1992 года компания прислала около 100 судебных исполнителей, которые просто вышвырнули имущество церкви из здания. Некоторых из работников церкви, пытавшихся помешать им, побили. Компания возбудила против нас уголовное дело, заявляя, что мы нарушаем закон. Этим Бог побудил наших членов еще больше возлюбить свою родную церковь и горячее молиться. Он даже коснулся сердец тех, кто выкупил здание, и они подписали с нами новое соглашение, после чего мы стали выплачивать стоимость здания.

Попытки помешать евангелизационной кампании в Сеуле

С 18-го по 21 мая 1992 года в нашей церкви проходило евангелизационное служение, организатором которого был «Комитет организации торжественных евангелизационных служений и объединения нации». «Движение за объединение нации и принятие Евангелия» поддерживала «Кукмин Илбо» - Дальневосточная компания телевещания, Христианская сеть вещания (CBS), газеты "The Christian newspaper" и "The Korea Church Newspaper" и союз полицейских капелланов. Враг, дьявол, противостал нам, пытаясь сорвать служение.

На служении должны были проповедовать знаменитые

пасторы, такие как Хьён Гьён Шин и Йечул Хонг. На них оказывалось давление: их пытались отговорить от участия в евангелизации. Опять же нашлись "доброжелатели", которые утверждали, что я еретик, исключенный из своей деноминации. Им говорили: «Если вы будете проповедовать на этом служении, у вас будут неприятности». Но эти пасторы знали, что я твердо следую Евангелию, люблю Господа, и не поддались на угрозы. Служение под водительством Духа Святого прошло во славу Божью. С 14-го по 17 сентября того же года «Корейская ассоциация за возрождение христианства» провела в нашей церкви еще одно евангелизационное служение, в котором приняли участие 8 пасторов, включая пастора Йонгхама Ли.

Примирение с деноминацией Святости (Аньянг)

В феврале 1992 года Корейская Христианская Церковь Святости (Аньянг) – та самая, что исключила меня из своих рядов – стала принимать меры против нашей церкви, которая быстро росла и превращалась в независимую деноминацию. Пастор И., который стал президентом деноминации, распускал нелепые слухи о нашей церкви; они доходили до Христианского Совета Кореи и до прессы. Это поношение продолжалось, и самое страшное, что это была не только клевета, – наносился урон делу проповеди Евангелия. Мы приняли решение обратиться в суд и возбудить дело против пастора И., обвинив его в клевете.

Пастора И. заставили выплатить компенсацию, а еще ему грозило тюремное заключение. Он был в отчаянии и несколько раз через моего преподавателя из семинарии, пастора Тэйгу Сона, обращался ко мне с просьбой отказаться от иска. Мой преподаватель стал ходатайствовать передо мной за пастора И., говоря, что тот пообещал больше не претендовать ни на какие административные должности, а всецело сосредоточиться на своем пасторском служении.

Это был довольно пожилой человек, и я сжалился над ним. Но, когда я решил отказаться от иска, адвокат, который занимался этим делом, стал категорически возражать. Он советовал: «Нельзя останавливаться на полпути. Я изучал их деятельность до этого иска: если их полностью не остановить сейчас, они продолжат свои грязные дела». Несмотря на совет адвоката, я подписал мировое соглашение и отказался от иска.

Это было 20 апреля 1993 года: мы встретились для подписания соглашения. Мы все еще храним этот документ. Пастор И. подписал обещание: «Я сожалею, что распространял клеветнические слухи, касающиеся пастора церкви «Манмин Джунг-анг» Джея Рока Ли. Я сделаю все от себя зависящее, чтобы подобное не повторилось, и всецело посвящу себя своему служению». Мы отказались от иска и простили его, но, как и предупреждал нас адвокат, вместо того чтобы благодарить нас, пастор И. продолжал способствовать разрушению нашей церкви. Свои поступки он оправдывал словами: «Я извинился не как президент деноминации, а как частное лицо».

Библейское определение ереси

Наша церковь быстро росла, и вскоре я стал хорошо известен, но вместе с тем многие продолжали считать меня носителем еретического учения: это клеймо поставила на меня Корейская Церковь Святости. Те, кто никогда не бывали на наших служениях, не слышали моих проповедей, не встречались со мной лично, судили нас только на основании слухов. Даже Павла, апостола, который любил Господа и всю свою жизнь посвятил проповеди Евангелия, называли безумцем и преследовали; это ему прилепили ярлыки – «язва общества», «представитель Назорейской ереси» (Деян. 24:5).

Итак, давайте посмотрим, как Библия определяет ересь. Вот что говорится во 2 Пет. 2:1: *«Были и лжепророки в народе, как и у вас будут лжеучители, которые введут пагубные ереси и, отвергаясь искупившего их Господа, навлекут сами на себя скорую погибель».* «Искупивший Господь» - это Иисус Христос. Таким образом, до времени апостолов слово "ересь" вообще не встречается - ни в Ветхом Завете, ни в одном из четырех Евангелий.

Читая Евангелия, мы видим, что ни книжники, ни фарисеи, ни первосвященники не употребляли это слово даже тогда, когда обвиняли Иисуса. Только после того, как Иисус воскрес и выполнил Свою миссию, появились они – «отвергшие искупившего их Господа», и только во 2 Послании Петра мы встречаем предупреждение против еретиков. Имя «Иисус» означает «Тот, Кто спасет людей Своих от грехов их» (Мф. 1:21), а «Христос» означает «Помазанник». Только после того, как Иисус был распят и воскрес, Он выполнил Свою миссию как Христос и стал нашим Спасителем.

Поэтому, завершая молитву, мы должны говорить: «Во имя Иисуса Христа», а не просто: «Во имя Иисуса». Так будет точнее с духовной точки зрения. В 1 Ин. 2:22 мы читаем: *«Кто лжец, если не тот, кто отвергает, что Иисус есть Христос? Это антихрист, отвергающий Отца и Сына».* Значит, отвергать Троицу (Бога Отца, Бога Сына и Святого Духа) – это есть ересь. И тогда неправедно перед Богом осуждать и выносить приговор отдельным верующим или целым церквям, которые признают Бога Отца и принимают Иисуса Христа как Спасителя.

Осуждать церковь, в которой совершаются дела Духа Святого во имя Иисуса Христа, - значит осуждать и восставать против Духа Святого, а Библия говорит, что грех против Духа Святого непростителен. Святой Дух – член Троицы, и когда люди называют дела Духа делами дьявола, разве это не то же самое, что назвать дьяволом и еретиком Бога? Как могут такие люди быть спасенными? Вспомним Мф. 12:22. Иисус исцелил человека, который был слеп и нем, и причиной его недугов была бесовская одержимость. Фарисеи стали обвинять Господа: *«Он изгоняет бесов не иначе, как силою Вельзевула, князя бесовского».* Что же ответил Учитель? *«Посему говорю вам: всякий грех и хула простятся человекам, а хула на Духа не простится человекам; если кто скажет слово на Сына Человеческого, простится ему; если же кто скажет на Духа Святаго, не простится ему ни в сем веке, ни в будущем»* (Мф. 12:31,32).

Когда фарисеи вменили Иисусу в вину Его дела, которые Он совершал силой Божьей, - дела Духа Святого, - они тем самым произнесли хулу на Дух Святой, и это был грех, который не может быть прощен, и они недостойны были спасения.

Испытание смертельным кровотечением

В июне 1992 года из-за трудностей, касающихся церкви, которые я не мог ни с кем обсуждать, я много дней не отдыхал, даже не имел возможности просто поспать. Я был истощен полностью, и это оказалось превыше моих сил. Некоторые помощники пастора и работники церкви перестали молиться и стали демонстрировать свое неповиновение, и тогда Бог допустил страшное испытание. Я столько всего нес на своих плечах, что стоял на грани инсульта. Когда болел кто-то из членов моей церкви, я мог помолиться за него. Но что мне было делать, когда у меня самого случилось бы кровоизлияние в мозг? Но Бог сделал так, что вместо этого у меня разорвался крупный сосуд в носу и началось сильное кровотечение.

Это случилось 13 июня 1992 года. Я должен был проводить бракосочетание и готовился выйти из дому. Вдруг у меня пошла кровь их носа, и я попросил другого пастора провести служение вместо меня. Кровь шла из обеих ноздрей и через рот.

Кровотечение длилось, наверное, часа полтора. Ночью кровь шла еще час. Мне пришлось сидеть с опущенной головой. Когда ложился, кровь попадала в горло, и я начинал задыхаться.

В воскресенье утром, когда я собрался умыться, кровь снова хлынула, и я не смог пойти в церковь. Кровь лилась ручьем, попадая в горло, и я недоумевал: откуда ее столько?

Более сотни помощников пасторов и церковных работников узнали о случившемся и пришли меня навестить. Сначала они пытались вытирать кровь бумажными салфетками и полотенцами, а потом, когда поняли, что этим не справиться, поставили передо мной таз. Все знали, что я в своей вере не стану полагаться на мирские способы лечения, поэтому никто даже не заговаривал о том, чтобы отвезти меня в больницу.

Мне вдруг захотелось услышать христианские гимны, и я попросил присутствующих спеть для меня. Кто-то достал песенник и запел. Когда я слушал эти гимны, мир овладел моим сердцем и меня наполнило горячее желание оказаться на небесах. Я медленно терял силы и сознание, но мне казалось, что дух мой крепнет и исполняется Духа Святого.

На перепутье: выбор между жизнью и смертью

В тот момент Бог со всей ясностью показал мне духовное состояние людей, которые собрались вокруг. Я призвал их удалить из сердец всякую гордыню и неправду, которые Бог ненавидит, а потом обратился с последними словами к каждому из членов моей семьи. Позже я узнал, что в это самое время вся церковь молилась за меня.

У меня не было пульса, я перестал дышать. Когда я потерял сознание, я почувствовал, как мой дух покидает тело. Я слышал, как старейшина Боаз Ли и другие молились с криком и слезами: «Боже, верни нашего пастора к жизни!». Потом они рассказывали, что они потрогали мое запястье и поняли, что пульс не прослушивается; они прикоснулись к груди, но она была холодной. И тогда Господь явился мне:

«Слуга Мой, пойдешь ли ты ко Мне или вернешься, чтобы продолжать выполнять свой долг?»

«Господь, я хочу быть рядом с Тобой».

В то время мы снимали дом, за который каждый месяц нужно было выплачивать арендную плату. У меня не было ни своего дома, ни сбережений в банке. Но я не переживал за свою семью, я хотел остаться на небесах. И тогда Господь показал мне две сцены. Я ушел к Господу, и дьявол нанес нашей церкви сокрушительный удар. Я увидел, как храм рухнул, и верующие стали бродить как овцы без пастыря, многие вернулись в мир, в погибель. Кто-то из верующих шел к воротам рая в посте и молитве, но большая часть верующих сбилась с пути, пошла в мир, в ад. В этот момент я очнулся.

«Господи, позволь мне вернуться. Я хочу предстать перед Тобой вместе со своей церковью после того, как мы построим Великий Храм».

Я молился, движимый желанием жить. В тот момент сверху засиял свет, и какая-то сила подействовала на меня. Я сел и попросил воды. Позднее я понял, что эта вода превратилась в моем теле в кровь, которую я потерял. Я встал и вышел в жилую комнату. Некоторые верующие, которые не смогли войти в мою комнату, плакали и молились там. Они были удивлены и рады видеть меня. Я пожал всем руки и поговорил с каждым.

С лица ушла смертельная бледность. Не было ни намека на то, что совсем недавно у меня было кровотечение, которое почти унесло мою жизнь. Но сознание все еще не прояснилось: я помню, что говорили другие, но не помню всех подробностей.

С тех пор, как у меня было кровотечение, я полюбил воду. Обычно я пил вместо воды какие-то напитки. Если бы не было этой подпитки, я просто умер бы от потери крови. Но Господь некогда превратил воду в вино, и я верил, что сила Божья может превратить воду в кровь в моем организме. Я знал, что даже мое кровотечение – часть промысла Божьего, и я не хотел полагаться на мирскую медицину. Я полностью доверял Всемогущему Богу, все предав в Его руки.

У меня не было ни малейшего желания идти в больницу, чтобы как-то продлевать свою жизнь. Если Бог захочет забрать мой дух, какой смысл пытаться сохранить свою жизнь? Я выберу с радостью смерть, если в этом будет воля Божья. Я знал о Всемогущем Боге больше, чем кто бы то ни было, я силой Божьей исцелил столько людей, и если я не могу исцелиться верой, как я смогу учить свою церковь получать исцеления по вере? Вот почему я лучше бы умер, чем пошел к врачам. Я смотрел в лицо смерти с улыбкой счастья, я оставил своей семье свое последнее слово, но воля Бога для меня была в другом – и я в долю секунды вернулся к жизни.

Пройдя Авраамово испытание

В тот вечер кровотечение прекратилось, я поужинал и пошел молиться. Но ночью кровотечение снова открылось и длилось полтора часа, и на утро повторилось то же самое. Я не мог есть, я не мог лечь. Когда я ложился, кровь приливала к голове, так что мне приходилось сидеть, прислонившись к чему-то, с опущенной головой. Воскресенье я провел в своем месте для молитвы. У меня была видеокассета с записью служения, на котором я говорил проповедь на тему «Бог Целитель». Когда на кассете шла молитва за больных, я возложил руки себе на голову, помолился, и кровотечение полностью прекратилось. Тогда я, в который раз, понял, насколько сильна молитва за больных.

Я подсчитал в общем, как долго длилось мое кровотечение: за 8 дней 30 раз, всего 24 часа. Этого должно было хватить, чтобы организм несколько раз потерял весь запас крови. Но я пил воду, когда истекал кровью, и вода в моем организме превращалась в потерянную кровь, и это продолжалось 8 дней, на протяжении которых Бог испытывал меня. Но я не роптал и не возмущался, как Иов. Я только благодарил. Даже смерть означала бы встречу с Господом, счастье жизни на небесах, так что у меня не было причин печалиться.

Поскольку кровотечение становилось более интенсивным в лежачем положении, я много времени проводил, сидя с опущенной головой. Я много думал. Бог дал мне столько силы, но я не так, как подобало, вел церковь к вере, я недостаточно наблюдал за работниками церкви, и мы до сих пор не построили свой храм. Чем больше я рассуждал, тем больше каялся пред Богом. Я 8 дней провел без сна, раскаиваясь перед Господом от всего сердца.

За то, что я с радостью готов был отдать свою жизнь, когда Господь того потребовал, Он полностью восстановил мои силы через 8 дней. Потом Бог открыл мне, что как Авраам некогда был испытан, когда Бог потребовал отдать в жертву единственного сына, Исаака, так и я прошел через испытание, когда от меня потребовалось отдать свою жизнь. Я прошел это испытание, и Бог стал мне еще больше доверять: Он благословил меня совершать великие чудеса. Тот случай также укрепил веру членов нашей церкви, заставил их очнуться от спячки, и церковь встала на устойчивое основание.

Я всегда предупреждал об опасности «датируемой эсхатологии»

В 1984 году, после открытия нашей церкви, я проповедовал о признаках последнего времени, руководствуясь откровениями, которые дал мне Бог. Я говорил об отношениях между Северной и Южной Кореей, о числе «666», о превращении Европы в единое государство и о многом другом. Отношения между Северной и Южной Кореей были ужасными, даже кредитные карты были разными, так что мои слова многим казались по меньшей мере неправдоподобными.

Иисус говорил с тоской в голосе: «Сын Человеческий, придя, найдет ли веру на земле?». Я делал все, что мог, чтобы вера росла в детях Божьих, чтобы в конце времен они оказались пшеницей, а не плевелами. Но, говоря о признаках последнего времени, я почему-то приобрел славу человека, который называет точную дату конца мира. Мои статьи публиковались в газетах и журналах, транслировались по телевидению, я был известен по всему миру.

В некоторых статьях авторы ссылались на меня и говорили то, чего я никогда не говорил; один пастор, который был приверженцем точных дат в вопросах, касающихся эсхатологии, утверждал, что я говорю то же, что и он. Большая часть статей была написана в благоприятном для меня тоне, но один человек на страницах ежемесячного журнала обвинил меня в том, что я назвал точную дату Второго Пришествия Господа. Но все должно было открыться в свое время, и я не стал ни извиняться, ни судиться с теми, кто пытался меня оклеветать.

Все мои проповеди записаны на пленки, которые доступны для покупки любым человеком. Со дня открытия церкви я учу своих братьев и сестер бодрствовать, подобно пяти мудрым девам, о которых повествует Евангелие от Матфея в 25-й главе. Вот отрывки из моих проповедей, касающихся конца мира, с самого начала и до середины 1992 года.

«Сегодня так много книг, слухов о том, что Второе Пришествие состоится 10 или 28 октября; может, даже кто-то из вас повторяет это или верит в это... Нет, это неправда! Вы когда-нибудь слышали, что бы я говорил о 1992 годе? Нет. Я учил вас Слову Божьему, призывал отринуть всякий грех и жить в свете и праведности, уподобляясь Господу, украшая себя слезами и молитвами как прекрасную Невесту Христову. Даже если Господь придет завтра, сегодня я буду проповедовать о том, что нужно посадить яблоню» (из воскресной проповеди «Будьте начеку» от 19 января 1992 года).

«В 24-й главе Евангелия от Матфея повествуется о том, как ученики спросили Господа о Его возвращении

и о признаках последнего времени. Иисус рассказал им о тех знамениях, которые будут предварять Его возвращение в славе. Вот откуда нам известны признаки последнего времени. Слушая людей, которые утверждают, будто октябрь 1992-го – месяц конца человечества, кто-то попадается на эту удочку, кто-то говорит, что это безумие. Если вы любите Бога и знаете Его волю, вас не должны затрагивать подобные «предсказания». Не слушайте их. Мы спасаемся верой, а не знанием того, когда, в какой день и час придет Господь. Иисус – наш Спаситель, Он искупил нас от грехов, мы прощены по вере, мы дети Божьи, мы наследники Небесного Царства. Но эти люди говорят, что можно спастись, только поверив в их «пророчество», а иначе погибель! Это смехотворно и ни в коей мере не соответствует истине Слова Божьего» (из воскресной проповеди «Каков будет знак?» от 31 мая 1992 года).

Глава 7

Бог расширяет границы нашего служения

Отверстая дверь для всемирной проповеди Евангелия

«Всемирная евангелизационная кампания Святого Духа»

В мае 1992 года я был приглашен на традиционный ежегодный молитвенный завтрак, где встречались президент страны и ведущие политики. Я отправился туда вместе с нашим оркестром «Нисси». В том же году, 14-го и 15 апреля, я принимал участие в евангелизационном служении «Взрыв Святого Духа, 1992», которое проводилось на площади Йойдо. Эта евангелизация проходила под девизом «Мир для Святого Духа»; это было грандиозное мероприятие, на которое пришло в общей сложности более миллиона человек. Наш церковный хор из 200 человек, оркестр «Нисси» тоже приняли участие в этом проекте; 400 членов нашей церкви работали добровольцами, обеспечивая безопасность мероприятия и регулируя движение автотранспорта в районе проведения евангелизации.

Именно там я встретил пастора Гуангсама Ра, президента

вашингтонского «Клуба Святого Духа», бессменного председателя организационного комитета «Всемирной Евангелизационной Кампании Святого Духа». Мы когда-то вместе учились в старших классах; теперь он служил Господу в Вашингтоне. Мы не виделись со дня окончания школы, а здесь встретились как два пастора.

Он сказал, что недоумевал, откуда на служении столько добровольцев, а потом узнал, что они члены моей церкви. После этой встречи мое служение продолжилось и на Американском континенте.

Вашингтон, округ Колумбия. Объединенная евангелизационная кампания

В 1993 году Бог широко распахнул двери всемирной проповеди Евангелия. Меня пригласили проповедовать на евангелизации в Вашингтоне, которую проводила Ассоциация Корейских церквей с 6-го по 8 августа 1993 года. Было много просьб участвовать в служениях и в других странах, но я просто не мог откликнуться на все. Речь шла о столице США, и я согласился, поняв, что в этом сокрыт промысел Божий.

Организаторы евангелизации говорили, что их целью является воспламенить истинную веру в корейцах, живущих в США, сделать так, чтобы Дух Святой изменил их жизни. Служение проходило в спортзале Уитонской школы; 180 церквей северо-востока, включая Вашингтон, Нью-Йорк и Балтимор, выступили спонсорами проекта. Мы чувствовали полноту Святого Духа все три дня.

В первый день я проповедовал «Слово о Кресте», но второй темой моей проповеди была «Вера плотская и вера духовная», на третий день я говорил о благословениях вечной жизни. Посетители жадно внимали Слову Божьему и отвечали на проповедуемую весть словом «аминь».

Убеждая людей ходить во свете

После успешного проведения вашингтонской евангелизации меня пригласили выступить проповедником и почетным президентом евангелизации 1993 года в Лос-Анджелесе, которую проводила Корейская ассоциация «Кориа Таун» (в том же году, 19 сентября, отмечался 20-й день рождения «Кориа Таун»). Бог побудил меня долго готовиться к участию в этом служении, я много молился. Молитвам об этом предстоящем служении я уделял особые часы. Я на три недели отправился в горы и готовился к проповеди, крича к Богу в молитве.

Организаторы евангелизационного служения в Лос-Анджелесе просили меня подготовить слово утешения корейцам, живущим там. Но я не стал этого делать. Не утешение нужно было им, а покаяние в том, что они не живут жизнью, достойной христиан; им нужно было сказать о святости Дня Господнего, о том, что следует жить по заповедям Господним и ходить во свете.

29 апреля 1992 года афроамериканцы устроили в Лос-Анджелесе настоящий корейский погром: много корейцев было ранено и претерпело издевательства. Причиной, в первую очередь, был банальный расизм, презрение черных к белым и наоборот, но толпа начала без разбора грабить и поджигать магазины и лавки, принадлежавшие корейским предпринимателям. Многие корейские семьи пострадали физически и душевно.

Библия учит нас, что, если мы живем по Слову, если в нас

чистое сердце и подлинная вера, наши души будут процветать, все будет у нас хорошо, у нас будет отменное здоровье. Иными словами, придерживаясь Слова Божьего, мы можем иметь защиту от всяких катастроф и несчастий. Я использовал в проповеди отрывок из Библии – Деян. 4:11,12, говоря на тему: «Почему Иисус – наш единственный Спаситель?». Я проповедовал " Слово о Кресте", чтобы воспламенить огонь веры в своих слушателях. Я умолял их стать настоящими христианами, для которых Слово Божье превыше всего на свете.

Меня пригласили проповедовать в церкви города Денвер. После служения 21 сентября меня пригласили посетить городское собрание. Члены собрания на минуту прервали заседание и попросили меня помолиться, попросить для них благословения. В тот день я стал почетным гражданином округа и услышал, что это было впервые в истории округа. Я также участвовал в Параде цветов – это был гвоздь программы Корейского фестиваля Лос-Анджелеса; я сам ехал на цветочной платформе. Мою молитву и участие в фестивале показывали по всем местным каналам – KTAN, KATV, KTE; об этом написали газеты «Ханкук Дейли», «Джунг-анг Дейли» - так меня узнали в том регионе. Все это было проявлением благости Божьей.

Активная трансляция проповедей

С марта 1990 года мои проповеди начали транслировать в программе Дальневосточной вещательной компании «Добрая весть из далекой страны». Эта передача транслировалась на Китай и некоторые регионы России. Я получал много писем со словами благодарности от китайских корейцев, некоторые из них даже приезжали в нашу церковь.

С августа того же года мои проповеди транслировались Корейским радио в Вашингтоне. С декабря 1992 года мои проповеди стала транслировать Христианская сеть радиовещания Бусана «Евангелие», с ноября 1993-го - Христианская сеть радиовещания «Ири», а сначала февраля 1994-го Христианская сеть радиовещания «Чёнджу» передавала в эфир мои проповеди каждую неделю. С каждым годом общая продолжительность проповедей, транслируемых по радио, возрастала: еженедельно 900 минут проповеди транслировались в разных регионах мира. Я записывал каждую свою проповедь, и это была нелегкая работа. С 20-го по 22 мая 1994 года я выступал на встречах корейцев в Вашингтоне и Балтиморе, проводимых Вашингтонской сетью радиовещания (WCRS). После этого старейшина Йонг Хо Ким, исполнительный директор WCRS, попросил меня стать председателем комитета WCRS, и я принял его предложение.

Многие слушатели радиокомпании WCRS проявляли неподдельный интерес к нашим передачам, и я был хорошо известен в регионе. Йонг Хо Ким знакомил меня с отзывами многих слушателей, писавших, что мои проповеди – это чистое Евангелие. Он был рад видеть так много положительных отзывов от наших слушателей.

Вера – осуществление ожидаемого

Признание: одна из 50-ти самых успешных церквей мира

В феврале 1991 года мы переехали в новое здание в Гуро Донге, по случаю чего проводили двухнедельное служение духовного обновления. В последний день, на пятничном всенощном служении, мы подсчитали, что количество членов церкви выросло до 10 000. Бог присылал к нам многих людей, принадлежавших к разным социальным слоям, с разными уровнями достатка, из разных культур. Спустя 6 месяцев и новое здание было наполнено. Через три года церковь не могла вместить всех желающих.

11 февраля 1993 года ведущие газеты Кореи и христианские средства массовой информации сообщили о том, что, согласно рейтингу американского журнала «Крисчен Уорлд Мэгэзин», церковь «Манмин» вошла в 50 самых успешных церквей мира. Прошло менее 20-ти лет после открытия церкви, и Бог дал нам рост настолько мощный, что это было заметно всему

миру. Не я – Бог совершил это, и я могу только воздать хвалу и благодарность Ему – Отцу.

О чем бы мы ни просили с надеждой...

В Пр. 29:18 сказано: *«Без откровения свыше народ необуздан, а соблюдающий закон блажен»*. Откровение – это то, что Бог открывает нам через Своих пророков. Если у нас не будет откровений, мы станем «необузданны», то есть будем игнорировать закон Божий и поступать по собственной воле – ступим на путь саморазрушения.

Когда я держал сорокадневный пост перед открытием церкви, Бог дал мне много снов и видений. Бог непрестанно действует в нас, побуждая нас угождать Его воле. Он показывал мне видения и руководил мной. Я молился о том, чтобы, когда я открою церковь, она стала бы церковью всемирной, которая понесет служение по всему земному шару, церковью, возлюбленной Богом.

Чтобы выполнить эту всемирную миссию, нам, во-первых, нужны были работники. Я должен был взрастить много лидеров, угодных в очах Божьих, которые понесли бы весть о Господе не только по нашей стране, но и стали бы миссионерами во всех уголках земли. Я молился о том, чтобы из среды членов церкви выросло много талантливых пасторов. Когда я учился в теологическом колледже, я видел, что студенты колледжа часто только и делали, что чистили туалеты в церквях, выпускали еженедельные бюллетени, словом, выполняли всю тяжелую работу вместо пасторов и членов церкви. Но, как правило, никто их при этом не хвалил. За любую ошибку они получали нагоняй от пастора – это в лучшем случае... А в худшем – их просто выгоняли из церкви. Мне было больно это видеть. Когда мы открыли церковь, мы стали поддерживать наших студентов, помогая им оплачивать обучение и поддерживая их материально. Я хотел поддерживать их, чтобы их сердца не увлеклись миром, чтобы из них выросли сильные служители. Но материальное положение церкви тогда оставляло желать лучшего, и делать это нам было непросто. Часто члены церкви, на которых лежала ответственность вести церковную бухгалтерию, возмущались. Я делал все, чтобы трудились с миром в сердце.

Чтобы выполнить всемирную миссию, нам нужны были сильные группы прославления, и я молился об этом. Когда я держал сорокадневный пост, я в видениях видел эти группы прославления, которые вели наши служения. И я всякий раз молился: «Боже, когда я открою церковь, пошли нам талантливые группы прославления». Я ожидал этого с верой. Потом я стал молиться и о том, чтобы у нас был оркестр, который славил бы Бога. В 1 Пар. 23:5 сказано: «...и четыре тысячи привратников, и четыре тысячи прославляющих Господа на музыкальных орудиях, которые он сделал для прославления». Четыре тысячи человек славили Бога на музыкальных инструментах в Иерусалимском Храме! Псалом 150 призывает нас: «Хвалите Его со звуком трубным, хвалите Его на псалтири и гуслях. Хвалите Его с тимпаном и ликами, хвалите Его на струнах и органе. Хвалите Его на звучных кимвалах, хвалите Его на кимвалах громогласных».

Молясь о церковном оркестре, я много лет ждал водительства Божьего. И Бог призвал в церковь профессиональных музыкантов. Он дал им вырасти духовно, он поместил в их сердца мечту. Обычно все музыканты – люди с характером, и им нелегко отказаться от своего «я», от своих знаний, и славить лишь Бога своим служением. Но нашлись профессионалы, в чьих сердцах было одно желание –

прославить своей музыкой Бога, восхвалить Его благодать; так и был создан наш оркестр. Его назвали «Нисси». 1 марта 1992 года прошло первое служение с его участием, и с тех пор наши музыканты активно участвуют в жизни ассоциации церквей. Именно наш оркестр играл на евангелизационном служении на площади «Йойдо» и на многих других, в том числе благотворительных, концертах в Корее и за ее пределами.

Бог дал нам прекрасные хоры. Сегодня в церкви больше 20 групп прославления, и они хвалят Бога не только в Корее, но и во многих других странах.

Хвалите Его с кимвалами и танцами

Мечта о всемирной миссии церкви «Манмин» стала основанием для создания не только групп прославления, но и танцевальных групп. Я размышлял над Библией, задаваясь вопросом: какое прославление доставляет радость Отцу? И я нашел ответ в словах Давида. Помните, Давид плясал от радости, когда был возвращен ковчег Господень (2 Цар 6:12-23)? Тогда Мелхола, его жена, «уничижила его в сердце своем» и высказала Давиду свое недовольство по поводу того, что он скакал и плясал, когда переносили ковчег. Вот что ответил Давид: «...пред Господом, Который предпочел меня отцу твоему и всему дому его, утвердив меня вождем народа Господня, Израиля; пред Господом играть и плясать буду» (2 Цар. 6:21). Мелхола была проклята за то, что насмехалась над Давидом, и бесплодие стало ее уделом. Очевидно то, что мы должны повиноваться Слову Божьему и угождать Богу вместо того, чтобы бояться мнения окружающих.

«Они танцуют магические танцы!»

В марте 1996 года была создана «Группа святых танцев»,

чтобы славить Бога прекрасным и вдохновенным танцем, исполняемым под гимны хвалы. Они были призваны дать зрителям надежду на небеса. Позднее группа получила новое имя – «Команда миссии искусства».

Сегодня, в век средств массовой информации, танец - общепринятая составляющая христианской культуры. Но в те годы все было иначе. В нашей церкви мы организовали «Комитет прославления» и «Комитет миссии искусства». Они проводили различные мероприятия, находили в среде верующих талантливых танцоров, певцов, музыкантов. Наша церковь испытывала быстрый рост, и нам многие завидовали, а потому стали распускать о нас нелепые слухи, говорили о нас ложь. Так пошел слух о том, что на каждом служении мы танцуем магические танцы. Несколько раз в год мы готовили танцевальные представления, посвященные особым событиям или христианским праздникам; танцевальные группы выступали перед всей церковью. Но кто-то стал распускать слух о том, что нами завладели злые духи, и потому мы танцуем на каждом служении.

Несмотря на все это, нашу танцевальную группу в 1991 году пригласили на евангелизацию пастора Хьёна Гьёна Шина в Советский Союз. Это было для наших танцоров первое выступление за границей, первая возможность прославить танцами Бога в другой стране. После этого их полюбили многие люди как в Корее, так и за ее пределами. Они и поныне несут свое служение, прославляя Бога.

Признание таланта

Сегодня в нашей церкви много таких команд, прославляющих Бога своим искусством. Они развили в

Господе свои таланты и активно служат Ему. 1 июня 1991 года одна из наших команд участвовала в 10-м Национальном соревновании исполнителей евангельской музыки, проводимом Дальневосточной радиовещательной компанией, и завоевала гран-при. 17 июня 1995 года на 14-м соревновании группа «Звуки хора света» тоже завоевала гран-при. Тогда в группе было всего три участника, одним из них была моя младшая дочь Суджин. Бог призвал ее на служение Себе еще когда она была совсем ребенком; сегодня она получила богословское образование и служит пастором.

17 апреля 1993 года в «Хуэтбул холле» («хуэтбул» означает «факел») проходил концерт христианской музыки для детей, которые уже обзавелись своими семьями; наш хор «Нисси» тоже принимал участие в концерте. В том же году наш хор вместе с нашими танцевальными группами были приглашены еще в одно место. Они выступали на торжественном евангелизационном служении для прокуроров, которое проходило в зале заседаний Генеральной прокуратуры. 6 ноября 1993 года группа из нашей церкви, «Хрустальные певцы», участвовала в 4-м Национальном соревновании исполнителей евангельской музыки, которое проводила Дальневосточная радиовещательная компания, и завоевала золотую медаль.

Сотрудничество с церковными ассоциациями

Развитие и рост в 1993-94 годы

Члены нашей церкви участвовали во многих мероприятиях, и поэтому многие христианские организации хотели, чтобы я занял одну из руководящих должностей. Но, поскольку было много пасторов старше меня и по той причине, что мне хотелось оставаться в тени, я не хотел принимать их предложения. Я часто просто отвечал отказом, но иногда мне казалось, что отказаться будет грубо и невежливо, и тогда я просил дать мне пост пониже, и в этих случаях принимал предложение. На мероприятиях, если возле какого-то места была табличка с моим именем, я, конечно, садился, но в остальных случаях я всегда старался сесть где-нибудь подальше, на заднем ряду. Мне было неловко сидеть на почетном месте, когда вокруг было так много пасторов старше меня по возрасту. Я и сегодня стараюсь больше времени посвящать молитве и размышлению над Словом Божьим, чем

Всемирный Крусейд Взрыв Святого Духа

Объединенный Евангелизационный Крусейд в Тэгу

Евангелизационный Крусейд прокуроров

Концерт во время Евангелизационного Служения в тюрьме

Проповедь на Собрании, посвященном посту и молитве за страну и народ

Объединённый Сеульский Крусейд «Аллилуйя» (в Центральной церкви Манмин)

Юбилейный Крусейд за объединение Южной и Северной Кореи 1995 г. (в Йойдо)

участию в торжественных мероприятиях. Очень часто вместо меня на официальные встречи отправляются мои помощники и старейшины церкви. Я не очень общителен, не посещаю многие встречи, мало общаюсь с другими пасторами, и поэтому кто-то, со стороны, кто не очень хорошо меня знает, может подумать, что я высокомерный человек. Но всякий раз, когда требовалась моя помощь в организации того или иного христианского мероприятия, я никогда не отказывался и делал все возможное для того чтобы оно прошло успешно.

21 июня 1993 года я особо молился о проведении Всекорейской велосипедной кампании и Евангелизации для воссоединения нации «Иджингак». Оркестр «Нисси», наш хор и наши добровольцы приняли участие в этом мероприятии. В том же году, с 18-го по 21 октября, в нашей церкви проходила «Сеульская Евангелизация», которая была подготовкой к проведению «Торжественного евангелизационного похода за воссоединение нации». Выступали четыре известных корейских пастора, и они говорили о том, что Благая Весть должна объединить разделенную Корею. 24 ноября того же года я был приглашен на молитвенное служение, посвященное объединению Кореи, в молитвенный горный центр «Ханеольсан». Я говорил проповедь и молился за всех собравшихся, и много исцелений имели место.

Меня также заинтересовал проект помощи заключенным и тем, кто только что освободился из мест лишения свободы. 28 февраля 1994 года прошла «2-ая Корейская христианская евангелизация», проводимая Христианской ассоциацией исправительного комитета Министерства правосудия. Служение проходило в пресвитерианской церкви «Мьюнг Санг»; девизом служения стали слова: «Слово, Любовь, Исправление». Я был одним из сопредседателей этой ассоциации и выступал на служении в качестве проповедника.

Наш хор, наш оркестр и танцевальные группы нашей церкви также участвовали в этом служении во славу Божью. 24 марта того же года, в ознаменование 40-й годовщины деятельности Христианской радиовещательной сети (CBS), проводился 11-й фестиваль миссионерских хоров в главном зале центра «Сейджонг». 20 июня 1994 года Центральный Совет Всемирной Евангелизации проводил евангелизационное служение за воссоединение нации. Президентом ассоциации в то время являлся пастор Хьён Гьён Шин, и я выступал там с открывающей молитвой.

Президент Хьён Гьён Шин проповедовал на тему «Воссоединение Кореи посредством Евангелия»; он призывал все церкви, независимо от их деноминационной принадлежности, объединиться в единое целое. Сотни членов нашей церкви работали на этом служении добровольцами – пели в хоре, играли в оркестре, помогали в здании и регулировали движение на подъездах к нему. С 20-го по 22 июня в нашей церкви проходила " Сеульская евангелизация" за воссоединение нации, проводимая Центральным Советом Всемирной Евангелизации; проповедником выступал пастор Гомун Ли.

14 июля в Олимпийском спорткомплексе проходило «Евангелизационое служение Святого Духа»; представительным президентом был пастор Йонгджин Пи. Райнхард Бонке проповедовал на том служении, а я произносил молитву благословения. 5 сентября того же года я участвовал в «Евангелизационном служении христианских женщин-лидеров», которое проводилось в Олимпийском спорткомплексе, и выступал с докладом об истории Национального евангелизационного комитета за воссоединение нации.

Посещение президентского дворца «Чонг Ва Дэй» и торжественное евангелизационное служение

29 июля 1995 года в качестве постоянного президента Ассоциации движения за воссоединение и евангелизацию я совершал особую молитву на «Служении молитвы и поста за нацию и людей». 12 августа 1995 года десять пасторов - лидеров «Евангелизации за мирное воссоединение» - были приглашены в президентский дворец «Чонг Ва Дэй» по случаю 50-ой годовщины Дня Независимости Кореи. Нам дали час для разговора с президентом и возможность высказать свои предложения. За день до этого я молился Богу, прося Его указать мне слова, которые я на следующий день должен был сказать президенту, но ответа не последовало. Я долго молился об этом, но так и не услышал голоса Духа Святого. И это было очень странно.

12 августа в 11.00 мы были на встрече с Юнгсам Кимом, но нам не дали времени на разговоры и высказывание предложений. Президент говорил и говорил, а потом встреча закончилась. Нам осталось только помолиться и покинуть дворец.

Мы отправились на площадь «Йойдо», где в 12.00 начиналось евангелизационное служение за мирное воссоединение. Я видел, как члены моей церкви несут там добровольное служение, помогая с парковкой, регулировкой транспорта, помогая внутри зданий, слышал наших музыкантов из оркестра «Нисси».

В чем секрет роста церкви?

Надежда и видение пастора Хьёна Гьёна Шина

5 декабря 1994 года меня пригласили в «Центр подготовки благовестников» Ассоциации движения национального евангелизма, и я проповедовал там, а 8 декабря в открытом эфире транслировалась 4500-ая юбилейная программа «Обнови нас» радиостанции CBS, посвященная сороковой ее годовщине. Трансляция велась из нашей церкви. Я говорил на тему «Истинный голос», убеждая радиокомпанию взять на себя служение пророка, несущего справедливость и мир. Пастор Хьён Гьён Шин очень любил нашу церковь. Сегодня его уже нет с нами; он был поистине отцом корейских благовестников и негаснущей звездой на небосклоне корейского христианства в течение 40 лет. Он любил меня и церковь, организованную мной. У него была надежда, у него было особое видение относительно будущего церквей Кореи. В своих проповедях он всегда особенно горячо

говорил о Святом Духе, о важности воссоединения Кореи, он всегда отличался неповторимым чувством юмора. Его любили многие люди, независимо от их принадлежности к той или иной конфессии. Он знал о том, как несправедливо поступила со мной моя деноминация, и посетил нашу церковь на юбилейное служение в октябре 1992 года и произнес молитву благословения. С тех пор он регулярно приезжал к нам и всякий раз дарил нам удивительное ободрение своими необыкновенными проповедями.

В чем секрет роста церкви?

На многих пасторов, и не только в Корее, но и в других странах, производит огромное впечатление те свет и благодать, которые сияют в глазах членов нашей церкви, и они все, как правило, задают мне один и тот же вопрос: в чем секрет столь быстрого роста нашей церкви? Меня часто спрашивают: «Пастор, я не вижу, чтобы в вашей церкви была какая-то особая система организации или обучения. Так в чем же ваш секрет? Как получается, что члены вашей церкви с такой радостью и готовностью трудятся добровольцами?». Я на самом деле не учил их этому. Они все делают сами по благодати Божьей.

Есть разные мнения относительно роста церкви. Некоторые пасторы говорят: «Бог дает нам маленькую церковь» или «Этого количества людей достаточно для нашей церкви». Библия говорит, что первые церкви, угодные Богу, ежедневно пополнялись спасаемыми. Воля Божья в том, чтобы все получили спасение (1 Тим. 2:4), и первые церкви действовали в подчинении воле Господа, и Господь ежедневно «прилагал спасаемых к церкви» (Деян. 2:47). Когда я слышу о том, что та или иная церковь растет числом, я радуюсь этому. Каждая церковь создана благодаря пролитой крови Господа, и я молюсь за эту церковь и за ее пастора.

23 февраля 1995 года Молитвенный союз пасторов Кореи проводил 149-ю национальную пасторскую конференцию, в которой участвовали около 1000 пасторов. Я говорил на этой конференции о секрете роста церкви. В 1996 году на гавайской и аргентинской конференциях пасторов я тоже говорил об основных составляющих церковного роста.

Во-первых, пастор и церковь должны быть любимы Господом

В Пр. 8:17 сказано: *«Любящих меня я люблю, и ищущие меня найдут меня»*. Любить Бога – значит соблюдать Его заповеди, как говорится в 1 Ин. 5:3. Иисус сказал: *«Кто имеет заповеди Мои и соблюдает их, тот любит Меня; а кто любит Меня, тот возлюблен будет Отцем Моим; и Я возлюблю его и явлюсь ему Сам»*.

Во-вторых, мы должны молиться

Чтобы успешно нести служение, мы должны получать силу Божью посредством молитвы. Патриархи веры, которые в совершенстве исполняли волю Божью, были воинами молитвы. Апостолы, несущие служение в первых церквях, сказали: *«а мы постоянно пребудем в молитве и служении слова»*. Когда мы молимся, мы должны кричать к Богу изо всех сил (Иер 33:3). В Быт. 3:17 Бог говорит согрешившему Адаму: *«... в поте лица твоего будешь есть хлеб»*. Точно так же, как человек собирает урожай, трудясь в поте лица, так и ответ на молитву мы получаем, молясь всем сердцем, тоже в поте лица своего. Сегодня тысячи членов нашей церкви приходят в церковь каждую ночь, чтобы молиться. Молитва звучит повсюду – в дочерних церквях, во многих наших домах молитвы, в семьях.

В-третьих, мы должны иметь духовную веру

Я имею в виду веру, которая дается свыше: когда мы можем верить действительно от сердца. Это та вера, которая творит что-то из ничего, это та вера, для которой нет ничего невозможного. Мы не можем иметь такую веру, просто зная содержание Библии, или лишь потому, что мы «христиане со стажем». Ее дает свыше Бог тем, кто соблюдает Его Слово. Библия говорит, что «вера без дел мертва». Только когда мы молимся с такой, духовной, верой в сердце, мы получаем ответы на свои молитвы, как сказано в Матф. 21:22: «...и всё, чего ни попросите в молитве с верою, получите». Так Бог ответит и на наши молитвы о росте.

В-четвертых, мы должны слышать голос Духа и получать Его водительство

Дух Святой живет в сердцах спасенных, Он руководит нами, пробуждая нас исполнять волю Божью. Если мы ясно слышим Его голос, слушаем Его наставления, мы ясно увидим и путь, по которому должна идти церковь, чтобы расти. Чтобы слышать этот голос, сами пасторы должны сражаться с грехом до крови, изгоняя всякое зло из своих сердец. Только так можно отринуть всякие плотские помышления, всякую человеческую мудрость, все то, что враждебно Богу, что Он не приемлет. Когда наши мысли и убеждения вступают в противоречие со словами Бога, мы должны предпочесть Библию в качестве конечного и высшего авторитета.

В-пятых, мы должны следовать примеру ранних церквей

В Книге Деяний мы видим, что ранние церкви несли свидетельство о Кресте. Они повиновались Слову Божьему, они совершали чудеса и показывали знамения. По той причине, что так много чудес совершалось руками апостолов, так много знамений являлось людям, те принимали Благую Весть сердцем, и церкви росли.

Полномасштабное миссионерское служение в Корее и за рубежом

Начало миссионерской работы в Африке

В январе 1994 года пастор Чарльз Мейком из танзанийской пятидесятнической церкви приехал с визитом в нашу церковь. Он был тронут моей проповедью и, вернувшись на родину, много рассказывал обо мне. С 4-го по 6 июля 1994 года я проповедовал на конференции служителей Африки, которая проводилась пятидесятнической церковью Танзании в Дар Эс Салааме – столице Танзании. Сердце мое разрывалось на части, когда я видел, как много танзанийцев страдает от неимоверной нищеты и болезней, включая СПИД , – ведь я знал, что каждый человек может освободиться от всякого проклятия и быть здоровым и духовно, и физически, только нужно жить по Слову Божьему.

Во время конференции Бог явил много чудес. Когда наша команда приехала в страну, танзанийцы говорили: «Пастор, как странно: обычно в это время года у нас не бывает дождей, но перед самым вашим приездом пошел дождь, и теперь воздух такой чистый, совсем нет пыли. Мы видим, что и погода подвластна Богу». Во время нашего пребывания в Танзании, где бы мы ни были, Бог покрывал небо облаками, спасая нас от летнего зноя, и давал нам дождь. Я проповедовал «Слово о Кресте», чтобы зажечь в пасторах подлинную веру. Они поняли Слово Божье, почувствовали огонь жизни, сокрытый в нем, они пели, хлопали в ладоши и танцевали в ответ на мою проповедь. Я видел, что они бесхитростны, как дети. Многие признались, что их вера обновилась, что они обрели уверенность, ту веру, какая и должна быть в сердце пастора. После конференции мы поехали к жителям танзанийского племени масаи. Вождь и жители деревни приветствовали нас. Обычно высоким гостям они подают говяжью кровь, но мы сказали, что пить кровь – грех перед Богом, и тогда нас угостили кока-колой.

Чтобы поселить в их сердцах веру, я поделился с ними своим свидетельством, рассказал о том, как я сам встретился с Господом. Мое свидетельство переводили на английский, потом на суахили, а потом на язык масаи. Доктор Мьёнгхо Чонг переводил на английский. До того как

В деревне племени Масаи

стать христианским служителем, он был преподавателем английской литературы в университете «Хосео». Потом в его сердце загорелось желание служить Африке, и он организовал миссионерский центр в Найроби (Кения). Сегодня Мьёнгхо Чонг проповедует Евангелие в 54-х африканских странах, спасая для Господа души африканцев.

Япония – духовная пустыня, не знающая Благой Вести

В то же самое время открылись двери для проповеди Евангелия в Японии. С 5-го по 8 ноября на самом большом бейсбольном стадионе Японии, «Гошиен», проходил «Съезд Миссионеров Возрождения», и наши танцоры выступили на этом служении, покорив сердца посетителей – японских корейцев. Команда наших танцоров также была приглашена пастором Хьёном Гьёном Шином для участия в «Китайской Евангелизации и молитвенном служении воссоединения на горе Бэйкду» в июле того же года.

К июлю 1994 года пастор Сьюнг Джил Рю поехал в Японию в качестве миссионера – это было началом нашего миссионерского служения в этой стране. 22-го и 23 ноября 1994 года мы проводили евангелизацию в центре культуры «Ганае» в Айда (Япония). На служении присутствовало около 1000 человек. Названием мероприятия стали слова: «Излей огонь Святого Духа». Его проводила церковь Айды, пастором был тогда Йошикава Нобору. Некоторые другие церкви города также поддержали эту инициативу.

Я проповедовал на тему «Исторические доказательства воскресения», призывая слушателей поверить в реальность воскресения Иисуса, жить христианской жизнью с надеждой на воскресение. На второй день я говорил о том, как можно встретить Живого Бога. После проповеди я молился за больных, и огонь Святого Духа изливался на нас, являя великие чудеса. Я славил Бога за Его дела. Пастор Йошикава Нобору, который был руководителем проекта, сказал: «Глубокие проповеди Джея Рока Ли коснулись сердец японских христиан, а это японцам совсем несвойственно. Многие японцы до этого момента думали, что исцеления были только во время земного служения Иисуса. Слушая его проповеди, произносимые с Божественным авторитетом, многие получили исцеление и познали Живого Бога».

Я помню одного человека, который был исцелен на той евангелизации. Его зовут Йошизава Мотохиса. Он управлял инженерным прессом, и в результате несчастного случая ему пришлось пережить операцию на позвоночнике. Из-за побочных эффектов операции ему было очень тяжело ходить, и он пришел на служение, превозмогая ужасную боль. В первый день в его сердце затеплился огонек веры, и он внимательно слушал проповедь. На следующий день он пришел ко мне в гостиницу с просьбой молиться о нем. Я искренне молился об его исцелении, и, когда он отправился после молитвы домой, боли уже больше не было, а сгорбленная до тех пор спина выпрямилась.

Бесплодные пары получают ответы на молитвы

В феврале 1991 года мы проводили торжественное служение в ознаменование переезда в новое здание. Девизом служения были слова «Когда душа процветает...». За две недели я произнес 15 проповедей и проводил служения исцеления больных.

В 1993 году мы начали проводить двухнедельные служения

возрождения. Первое такое служение проходило в мае и называлось оно «Грех. Правда. Суд» (Ин. 16:8). Слушая проповеди дважды в день, утром и вечером, о грехе, о праведности, о суде, наши слушатели приходили к осознанию того, какая стена стоит между ними и Богом. Они смотрели на самих себя новыми глазами, они каялись в своих грехах, и слезы текли по их щекам. Они сокрушили стену греха между собой и Богом, и чудеса исцеления были обильно излиты на всех посетителей.

Они даже не знали, что такое христианская вера, но, слушая проповедь за проповедью, они испытывали на себе действие Святого Духа, они понимали Слово Божье, они молились, они начинали жить так, как говорит Библия. На служении присутствовали члены церквей различных деноминаций. Верующие, обретшие благодать и получившие исцеление, исполнялись Духа Святого, и возвращались в свои церкви, чтобы еще самоотверженней продолжать служение. Огонь Святого Духа исцелял людей от рака матки и желудка. Многие обрели слух и там же, на служении, выкинули свои слуховые аппараты; кто-то вновь обрел зрение и выбросил прочь очки, а бесплодные после смогли зачать детей.

Было много супружеских пар, которые оставались бездетными даже спустя 5 лет брака. Многие из них получили благословение и зачали детей. Было много таких пар, которые просили особо молиться за них, и 5 мая 1993 года на молитвенном служении я молился о бесплодных парах, прося Бога дать им потомство. Потом я узнал, что на следующий год в этих семьях появились дети. Многие дети были зачаты именно после того служения, и они в один год стали «выпускниками» детского сада «Манмин».

... на всю оставшуюся жизнь?

В мае 1994 года мы проводили второе двухнедельное служение возрождения. Его девизом были слова: «То Я сделаю» (Ин. 14:13). И на этом служении Святой Дух совершал великое. Многие из посетителей познали Божественное исцеление. Я хочу рассказать о Хиджин Пак, которая в тот момент лежала в больнице после серьезной аварии.

Она ехала домой с работы 27 мая 1993 года и попала в аварию, в которой столкнулись четыре машины. Она впала в кому и в таком состоянии была доставлена в больницу. Челюсть была сломана, были повреждены суставы на подбородке. Повреждение получил кишечник. На самом деле на ней не осталось ни одного здорового места. Из-за сдвига бедренной кости таз и суставы бедра получили повреждения, образовались опухоли, правая нога опухла, лодыжка была вывихнута. Из-за повреждения сухожилия малоберцовой кости одна нога стала короче другой на 5 сантиметров. Врачи сказали, что она останется инвалидом на всю оставшуюся жизнь.

10 мая 1994 года Хиджин Пак как-то удалось уговорить врачей разрешить ей сходить на наше служение. Она пришла на костылях, но, когда я с алтаря молился об исцелении всех собравшихся, случилось чудо. Искривленная нога выпрямилась. Раньше она не могла даже зевнуть, не могла открыть рот без боли, а теперь она зевала, и боли не было! Когда я молился за нее лично, она ощутила огонь Святого Духа и пошла сама, не опираясь на костыли. Члены церкви, которые стали свидетелями этого чуда, радовались и славили Бога громкими аплодисментами. Спустя две недели ее обследовали в больнице университета «Ханьянг». Правая нога

Хи Чин Пак должна была быть инвалидом до конца своей жизни
На собрании исцеления с преп. Джероком Ли она полностью исцелилась и начала ходить
Она служит своим здоровым телом в качестве миссионера

вытянулась на пять сантиметров, и ноги теперь были одинаковой длины.

Однажды случилось вот что: ребенок, у которого не было никакой надежды остаться в живых, был исцелен удивительным образом. У дьякониссы Суним Ким родилась малышка, и то были преждевременные роды. Девочка весила всего 1,2 килограмма. Ее поместили в специальную камеру для новорожденных, но сосуды в непосредственной близости от сердца были повреждены, а также началось мозговое кровотечение, и она потеряла зрение. Врачи сказали, что последствия кровоизлияния в мозг неизлечимы. Без хирургического вмешательства она бы осталась полностью слепой, но даже после успешной операции зрение можно было восстановить только на одну треть.

7 мая 1994 года врачи попросили родителей забрать девочку домой – они были бессильны что-либо еще сделать для нее. К счастью, именно в то время проходило наше служение возрождения. Дьяконисса Суним Ким принесла ребенка в церковь. Состояние девочки было критическим. После всех уколов и полученных медикаментов она весила меньше килограмма. Казалось, надежды не было никакой… Отец уже полностью сдался и ничего не ждал.

8 мая я молился от всего сердца о спасении малютки, и Бог начал действовать: мутные зрачки почернели, к ней вернулось зрение. У нее появились силы сосать из бутылочки. С того дня она принимала все больше пищи и крепла с каждым днем. Ее зовут Хана; сегодня она – ученица начальной школы, она растет красивой девчушкой во славу Господа.

Апоплексия мозга

В 1995 году, на третьем двухнедельном служении возрождения, которое проводилось под девизом «Праведный верою жив будет», в последний день, когда шла молитва об исцелении больных, у входа в церковь началась какая-то суета и кого-то внесли на носилках. Человека только что привезли на «скорой». Состояние его было критическое. Потом я узнал, что это был пожилой человек по имени Мунки Ким, и у него

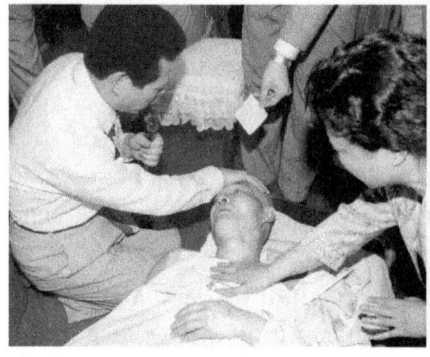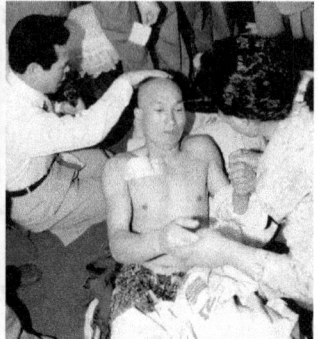

Пациент с инсультом мозга встал после молитвы

случился апоплексический удар. Кровеносный сосуд просто разорвался в его мозге.

Его жена была пастором. Она возглавляла вновь открытую церковь, и время от времени она приходила к нам – послушать Слово Божье. Когда ее мужа доставили в больницу, врачи сказали, что надежды почти никакой. Она знала о том служении, которое проходило в городе в тот момент, и она привезла к нам своего мужа прямо в карете «скорой помощи», привезла его за исцелением по вере.

Я молился над этим человеком, который лежал передо мною без сознания, и когда я перестал молиться, он просто сел. Все было как в кино. Все, кто это видел, начали хлопать в ладоши, славя Господа.

Исцеление перед самой ампутацией

На служении присутствовала дьяконисса Санг-и Ли. У нее гноились восемь пальцев на руках, но после молитвы она

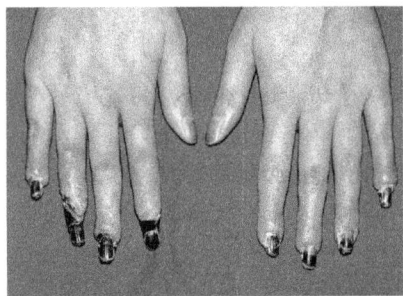

Сан Ыи Ли получила исцеление гниющих пальцев

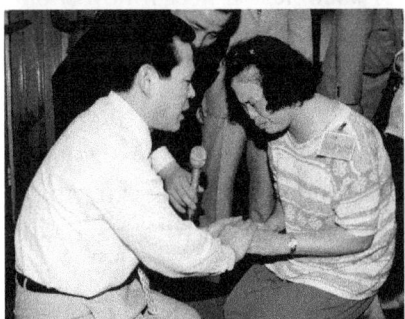

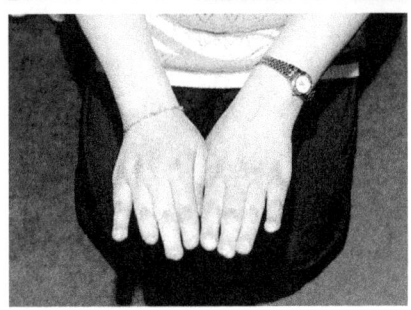

была исцелена – пальцы снова были здоровыми. Зимой 1985 года она их отморозила. К какому только лечению она не прибегала, включая акупунктуру, - ничего не помогало. Потом все тело было поражено еще и артритом. В 1990 году, когда она приехала в Сеул, Бог побудил ее посетить нашу церковь. Она какое-то время посещала наши служения, а потом вернулась домой и постепенно отдалилась от Бога, ее жизнь веры была поражена ленью.

В 1993 году все тело начало сморщиваться, она не могла повернуть шеей. Ей поставили диагноз: «ревматический артрит», и, судя по симптомам, состояние ее ухудшалось с каждым днем. Ее положили в больницу «Гуро» Корейского университета, но спустя два месяца восемь пальцев на руках, кроме больших, начали гнить. Руки до запястий почернели. Гнили не только ногти, но и кости рук. Врачи сказали, что требуется ампутация кистей до запястий, чтобы процесс не распространился на предплечья. Была назначена дата операции. Санг-и Ли принимала большое количество обезболивающих медикаментов, потому что боль была невыносимой. В мае 1994-го, за день до операции, она пришла на наше служение. Я молился за нее, и потом она рассказывала, что в тот самый момент она почувствовала жар в руках и невыносимая боль исчезла. После того ей делалось все лучше. Врачи сказали, что операции не потребуется, и она уехала домой. Процесс разложения прекратился, сгнившая кожа, напоминавшая кору дерева, просто отпала и начала расти новая здоровая плоть. Выросли даже новые ногти. На следующий год, в мае 1995-го, она снова приехала на служение. На второй день, когда я особо молился об исцелении больных, я вновь молился о ней. Во время молитвы она почувствовала, как свет наполнил все ее тело, ушла боль от артрита. Она была здорова, не только пальцы на руках перестали гнить – все тело освободилось от болезней и боли.

Падение универмага «Сампун» и защита Господа

При нашей церкви действует миссионерская организация «Миссия света и соли», которая посвятила себя служению работникам ресторанов и обслуживающего персонала. Следом за ними проводит служение наша группа. Она проводит евангелизационные служения среди работников ресторанов и обслуживающего персонала. Члены миссии работают по воскресеньям, поэтому они приходят на служения в церковь после окончания работы, в 21.00 и 23.00.

Обрушение торгового центра «Сампун»

29 июня 1995 года, примерно в 18.00, произошла ужасная катастрофа. Рухнуло здание универмага «Сампун». В тот момент 10 членов нашей церкви находились внутри здания, и Бог дал каждому возможность как-то покинуть здание, а значит, и выжить. Это было настоящее чудо – то, что все они были спасены.

Сестра Джинсук Хонг, работавшая в том магазине, была зажата бетонными плитами на третьем подвальном этаже вместе с коллегами, но была чудесным образом спасена. Она работала на третьем подвальном этаже в баре для работников магазина. Когда ее рабочее время закончилось, она пошла в медпункт, чтобы немного отдохнуть. В этот момент здание универмага рухнуло, и она вместе с медсестрой оказалась в западне. Медсестре повредило голову, у нее была сломана нога. Была полная тьма, они ничего не видели, потому не могло быть и речи о том, чтобы как-то отыскать выход.

Издалека они слышали крики людей, молящих о помощи.

- Джинсук, у меня кровь течет из головы. Когда ты мне говорила о Боге, мне это не нравилось, и я старалась тебя избегать. Мне так жаль. Боже! Мне так жаль, теперь я верю, что Ты есть!

Медсестра плакала и кричала. Джинсук положила на нее руку и молилась о ней, утешая ее словами из Писания. Цементная пыль забивала дыхательные пути. Сестра Хонг молилась: «Боже, пошли избавление не только мне, но и всем тем людям, которые оказались в этом здании. Пусть здание не разрушается дальше, дай нам вдохнуть свежего воздуха».

Бог ответил на ее молитву. Спустя три часа, примерно в 21.00, они увидели свет ручного фонарика и услышали: «Здесь есть кто-нибудь?». Они закричали в ответ: «Мы здесь!», и два спасателя нашли их по голосам. Медпункт был рядом с запасным выходом, который вместе с лестницей, к счастью, не пострадал при падении здания. Когда спасатели поднимались по лестнице, они услышали, как кто-то молился и славил Бога. «Скорая» отвезла медсестру в больницу, а сестра Джинсук совсем не пострадала. Об этом сообщили в дневном выпуске новостей: спасатели услышали, как кто-то пел, и обнаружили девушек.

Кто станет петь в такой ситуации, когда жизнь висит на волоске? Это были слова молитвы и прославления Господа, и Бог побудил спасателей пойти именно туда, где томились в бетонной западне Его дети. Джинсук Хонг всегда посещала воскресные вечерние служения и жертвовала десятину. Когда мы чтим День Господень, когда не забываем жертвовать на Его дело, Бог защищает нас от болезней и несчастий.

Лос-Анджелес, 1995-й

Церковь перед распадом

Перед проведением Миссионерской кампании, с 27-го по 29 апреля, мы провели евангелизационные служения более чем в 40 церквях в разных городах; я проводил служение в одной пресвитерианской церкви, пастор которой был председателем организационного комитета Миссионерской кампании. Перед моей поездкой в Лос-Анджелес члены церкви собрали мне деньги на дорожные расходы. Перед отъездом я сказал одному из служителей: «Бог дал мне неплохую сумму из наших пожертвований на миссионерские нужды. Я верю, что у Него есть для этого какая-то цель». Церковь, в которой я должен был проводить трехдневное служение, была очень маленькой. Пастор, которому тогда было за 60, самоотверженно работал в одиночку: не было никого, кто бы мог ему помочь. Это была маленькая община: всего сто человек собирались три раза в неделю, но я проповедовал им со всем старанием. Многие

Благословение в Городском Совете Лос-Анджелеса

Получая почетное гражданство Лос-Анджелеса

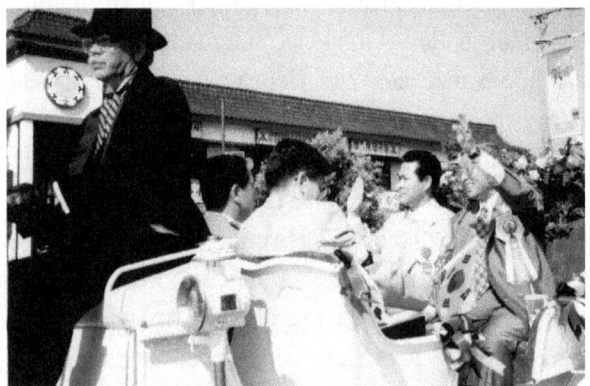

На параде во время Дня Кореи в Лос-Анджелесе

пасторы больших церквей хотели, чтобы я проповедовал у них, и сожалели, что я не приехал. Но я верю, что была воля Божья в том, чтобы именно в той маленькой церкви я, на протяжении трех дней, проводил евангелизационные служения.

29 апреля, на последнем собрании, пастор молился о своей церкви. Он плакал, говоря Богу: «Боже, разреши финансовые трудности нашей общины, иначе это здание будет отдано в руки мира сего!». Мне, как проповеднику, уже множество раз приходилось испытывать на себе многие тяготы и неудобства из-за неустроенности быта общины, поэтому, когда я услышал эти слова, сердце мое затрепетало от волнения. Бог коснулся его.

«Помоги этой церкви. Разве деньги, которые есть у тебя, не для этого случая? Помоги им!»

После того как я услышал этот голос, я сказал в проповеди: «Я не знаю, сколько именно составляет ваш долг, но Церковь Божья не должна страдать от рук мира сего. Я помогу вам чем смогу, и давайте все мы примем участие в этом!». Я обещал пожертвовать этой общине 20 000 долларов.

Бог послал меня именно в ту общину, чтобы я понял, в каком бедственном положении они находятся. Мое сердце переполняло желание помочь пастору и ободрить его. Моя команда прославления вела все служения, всеми силами стараясь явить благодать и полноту Духа членам церкви.

На следующий день, в воскресенье, пастор пришел ко мне с угрюмым лицом и сказал:

- Пастор, еще вчера даже верующие из других церквей, которые знали о вашем приезде, приходили к нам, а сегодня, боюсь, вообще никого из них не будет, и не придут даже члены нашей церкви. Лучше и не ходить в церковь, чтобы не видеть всего этого.

Я удивился его словам и спросил, что случилось. Он рассказал, что помощник пастора не выдержал испытания перед рукоположением и ушел из общины. Некоторые старейшины, недовольные пастором, также покинули общину. В церкви царит хаос. У общины много долгов, и члены церкви просто устали бороться за выживание.

Но когда мы вошли в церковь, мы увидели, что все помещение заполнено, так что даже не было свободных мест! Все хористы были в сборе, их лица сияли. Бог знал все то, что творится в этой общине: Он послал меня спасать ее, проповедуя Слово Божье и помогая пастору материально.

Лос-Анджелес, 1995-й. Миссионерская кампания

30 апреля 1995 года Всемирный евангелизационный комитет и Комитет корейско-американского духовного движения проводили Миссионерскую кампанию в конгресс-холле Лос-Анджелеса. Я был приглашен в качестве основного проповедника. Милостью Божьей Всемирная миссионерская кампания прошла удачно. Через пару дней мне в руки попала американская христианская газета «American Christian Newspaper». Вот что я прочел:

«30 апреля более 50 благовестников и больше 8000 верующих собрались на служении возрождения, целью которого было объединение верующих всех цветов кожи. Джей Рок Ли проповедовал на тему «Да будут едино». Его призыв к собравшимся звучал искренне, от всего сердца: «Мы все братья и сестры по вере, независимо от места проживания, расовой принадлежности, культурного уровня; так давайте

Миссионерская группа прославления на Всемирной Евангелизационной Миссии в Лос-АнджелесеКультурном Центре

Приглашен в качестве почетного председателя на 22ой День Кореи в Лос-Анджелесе и участие в Культурном Центре

же на фундаменте нашей единой веры заложим основание для всемирной проповеди Благой Вести!"». Зал потряс дружный возглас собравшихся, которые скандировали девиз конференции: «Проповедуйте Евангелие даже до края земли! Пусть этот город станет воистину городом ангелов! Победа за нами!».

Я также присутствовал на молитвенном завтраке, на котором собрались 300 лидеров метрополии города. Они дали высокую оценку служению наших групп прославления и наших танцевальных групп; многие плакали, тронутые их выступлениями.

День Кореи

В сентябре 1995 года я в качестве почетного гостя посетил в «Кориа таун» фестиваль, посвященный Дню Кореи. Я произнес молитву благословения на церемонии закладки памятника, а также молился, открывая «Ночь Кореи». Я также участвовал в параде цветочных платформ, который являлся гвоздем программы. Четыре лошади тянули цветочную платформу, и сидеть на ней должен был особо почетный гость. Мне было неудобно «красоваться» при таком скоплении народа, но, преодолев неловкость, я все-таки проехал на той почетной платформе. За нашей платформой, украшенной цветами, следовали другие.

Было столько препятствий и неувязок – столько всего, что должно было помешать мне участвовать в этом празднике. Ассоциация корейцев Лос-Анджелеса даже провела по этому поводу особое заседание и заявила, что подаст в суд на всякого, кто станет распускать обо мне нелепые слухи. Дела

Сатаны были разрушены людьми, которых Бог приготовил для этого, – там, где никто этого не ожидал.

Конец 1-й книги.

Продолжение следует во второй книге.

Автор:
доктор Джей Рок Ли

Доктор Джей Рок Ли родился в Муане провинции Чолла-нам (Республика Корея) в 1943 году. В возрасте двадцати лет у преподобного д-ра Ли был диагностирован целый ряд неизлечимых заболеваний. Семь долгих лет он страдал от болезни и ожидал смерти, не надеясь даже на выздоровление. Но весной 1974 года, находясь в церкви, куда его привела сестра, желавшая помолиться о выздоровлении брата, он внезапно обрел Божье исцеление от всех болезней.

В тот самый момент преподобный д-р Джей Рок Ли встретил Живого Бога, возлюбил Его всем сердцем и душой, а в 1978 году получил призвание к служению Богу. Он горячо молился о полном понимании и исполнении воли Божьей, полностью следуя Его Слову. В 1982 году он основал церковь Манмин Чунан в Сеуле (Южная Корея), в которой происходили многочисленные Божьи деяния, включая чудесные исцеления и знамения.

В 1986 г. преподобный д-р Ли был рукоположен на пасторское служение на Ежегодной ассамблее церкви Иисуса в Сунькйул (Корея), а спустя четыре года, в 1990 году, его проповеди стали транслироваться Дальневосточной широковещательной компанией, Азиатской телерадиокомпанией и Вашингтонской христианской радиокомпанией в Австралии, России, на Филиппинах и в других странах.

Еще через три года, в 1993 г., Центральная церковь «Манмин» вошла в список «пятидесяти ведущих церквей мира» журнала «Крисчиан Уорлд» (США), а сам пастор получил почетную степень доктора богословия от колледжа «Крисчиан Фэйт» (Флорида, США). В 1996 он получил степень доктора философии служения в теологической семинарии «Кингсуэй» (Айова, США).

С 1993 года д-р Ли ведет миссионерское служение в США, Танзании, Аргентине, Уганде, Японии, Пакистане, Кении, на Филиппинах, в Гондурасе, Индии, России, Германии и Перу. В 2002 году за проведение миссионерских кампаний за рубежом был назван «всемирным пастором» редакцией крупной христианской газеты в Южной Корее.

На февраль 2011 года Центральная церковь «Манмин» насчитывает более 100 тыс. прихожан и 9 тыс. приходов в Корее и других странах, направляя более 135 миссионеров в 23 стран, включая США, Россию, Германию, Канаду, Японию, Китай, Францию, Индию, Кению и многие другие.

На сегодняшний день преподобный д-р Ли является автором 60 книг, включая такие бестселлеры, как «Откровения вечной жизни в преддверии смерти», «Моя жизнь, моя вера» (I и II), «Слово о кресте», «Мера веры», «Небеса» (I и II), «Ад» и «Сила Божья». Его труды переведены на более чем 55 языков.

В настоящий момент преподобный д-р Ли возглавляет многие миссионерские организации и ассоциации, в том числе является председателем Объединенной корейской церкви Святости, президентом Национальной Евангелизационной газеты, президентом Всемирной миссии Манмин, основателем Манмин ТВ, основателем и председателем совета «Глобальной христианской сети» (ГХС), «Всемирной сети врачей-христиан» (ВСВХ), основателем и председателем совета Международной семинарии Манмин (МСМ).

**Небеса I: чистые и прекрасные, как кристалл
Небеса II: преисполненные славы Божьей**

Подробное изложение великолепного окружения, которым наслаждаются небесные граждане, пребывая в Божьей славе.
Святой город Новый Иерусалим и его двенадцать жемчужных ворот находятся посреди бескрайнего неба, сияя, как драгоценность.

Откровения о вечной жизни в преддверии смерти

Личное свидетельство преподобного доктора Джей Рока Ли, который родился свыше и обрел спасение из долины смертной тени.

Моя жизнь, моя вера II

Трогательный рассказ об истинной вере, превозмогающей любые испытания; о пламенных деяниях Святого Духа, явленных в церкви, благодаря истинной вере

Слово о Кресте

Послание пробуждения, предназначенное для всех людей, которые духовно спят. В этой книге вы найдете истинную Божью любовь. Почему Иисус – наш Единственный Спаситель? .

Мера Веры

Какое место на небесах уготовано вам? Какой венец вы получите в вечности? Эта книга даст необходимую мудрость и руководство для измерения вашей веры и поможет ее укрепить.

Ад

Искреннее обращение ко всему человечеству от Бога, Который не хочет, чтобы хоть одна душа попала в глубины ада!